会计极速
入职晋级

The Accounting Game
Basic Accounting Fresh from the Lemonade Stand

世界上最简单的会计书

[美] 达雷尔·穆利斯（Darrell Mullis）
朱迪丝·奥洛夫（Judith Orloff） 著
黄屹 译

机械工业出版社
China Machine Press

图书在版编目（CIP）数据

世界上最简单的会计书 /（美）穆利斯（Mullis, D.），（美）奥洛夫（Orloff, J.）著；黄屹译. —北京：机械工业出版社，2013.10（2025.10重印）
（会计极速入职晋级）
书名原文：The Accounting Game: Basic Accounting Fresh from the Lemonade Stand

ISBN 978-7-111-44258-5

I. 世… II. ① 穆… ② 奥… ③ 黄… III. 会计学－基本知识 IV. F230

中国版本图书馆CIP数据核字（2013）第235234号

北京市版权局著作权合同登记 图字：01-2009-2997号。

Darrell Mullis, Judith Orloff. The Accounting Game: Basic Accounting Fresh from the Lemonade Stand.

Copyright © 2008 by Educational Discoveries, Inc.

Chinese (Simplified Characters only) Trade Paperback Copyright © 2013 by China Machine Press.

This edition arranged with Sourcebooks, Inc. through Big Apple Tuttle-Mori Agency, Inc.

All rights reserved.

本书中文简体字版由Sourcebooks, Inc.通过Big Apple Tuttle-Mori Agency, Inc. 授权机械工业出版社在中国大陆地区（不包括香港、澳门特别行政区及台湾地区）独家出版发行。未经出版者书面许可，不得以任何方式抄袭、复制或节录本书中的任何部分。

机械工业出版社（北京市西城区百万庄大街22号 邮政编码 100037）
责任编辑：牛汉原 版式设计：刘永青
三河市国英印务有限公司印刷
2025年10月第1版第42次印刷
170mm × 242mm · 13.25印张
标准书号：ISBN 978-7-111-44258-5
定 价：49.00元

客服电话：(010) 88361066 68326294

前　言

　　人们究竟是如何学习的？答案及理论不计其数且层出不穷。对此，人们试图从遗传基因的作用、长时间潜移默化的影响、模仿能力及情商的作用等方面去解释。

　　但是，从现在开始，请向自己提个问题："我"是如何学习的？

　　这难道不是一个有趣的问题吗？你学到了什么？你是通过阅读、看电视以及互联网获取信息的吗？你能不通过与人交往就学会"他的技能"吗？在你不知道一个理想的行为模式究竟是怎样的情况下，会改变自己原有的行为吗？你在日常旅途中，有没有遇见想要模仿的人？你模仿他们了吗？模仿是怎样产生的？你还能记得孩提时代，而并非你上周或今晨刚刚听到的歌的歌词吗？问题一个接着一个。问题有助于我们持续学习，而不仅仅只是一个思考的过程。

　　还记得我们有所耳闻的婴儿出生第一年的生活状况吗？婴儿在这一年所学到的东西比他今后一生学到的都要多。然而，在这一年中，婴儿尚未开口说话，并不能像他们学习语言后那样，能够提出问题。那么，婴儿究竟是如何学习的？我们成年人能从中借鉴什么，以便学得更快、记得更牢，并能迅速地把这些所学运用到生活中呢？

　　以上这些问题与本书及其读者有何关联？这又是一个不错的问题。

　　本书通过教授会计学的基本技巧，向你展示一个别具特色的学习历程。我们把这种学习称为加速学习。这种学习意味着什么？这是一种学习方法。在学习的过程中，需要调动起你所有的感官、情感及重要的思维技巧。你或许还记得上幼儿园或小学时的教室，小朋友或小学生制作的彩图、字母、数字及"大胆"画作（有的只能称做涂鸦）五彩缤纷。你通过唱歌学习字母，通过在课堂上大声朗读学习乘法表。

你尽情欢笑并且具有非凡的创造力。

念初中或高中时的感觉又如何呢？学习变得越来越单调、乏味、机械，考前临时抱佛脚，或许能奏效或许没用。对于那些中学老师所布置的繁多的家庭作业和那些靠死记硬背学到的知识，如今已差不多全部忘记了吧。这是因为你那时的记忆是短期记忆，所以你能通过考试顺利升级。

但是，瞧瞧，你却能够记得孩提时的所有事情。小学时所学的大多数知识直接进入了你的长期记忆，因为在学习的过程中，融入了大量的音乐、色彩、运动、气味和情感体验以及各种有趣的游戏。

本书所运用的学习方法与你上小学时的学习方法类似。我们通过激发你大脑中长期记忆的部分来促进你的学习。如今，能够使你达到长期记忆的途径必然与情感相关联，因为它们都存在于大脑的同一位置中——脑边缘区域。

事实上，基于人类学习方式的特点，为了真正能学到东西，我们必须善于自己发掘。本书的内容设计能够让你获得大量的发现。**总而言之，读完本书后，你所学到的会计知识相当于大学整整一学期会计课程中的内容。**

与此相反，商务人士和学生们觉得学习会计多年还是难以掌握这门学科。许多人仅仅因为这种挫败感而放弃了，还有一些人将会计问题留给"专家"来解决。本书专为那些厌恶会计，感到会计难以学习甚至觉得根本无法学会的人精心打造。

我们认为，大多数教授会计的尝试之所以失败，是因为过分地强调了细节而无法为所学者展示出会计知识之间相互联系和作用的一个整体的框架结构。我们承诺，本书不会拘泥于细节而给你造成过多负担，我们将着重介绍那些商务人士所必须掌握的会计学的重要基础概念。

你将会在本书中学到三大基本财务报表——资产负债表、利润表及现金流量表的结构及编制目的。你还会学到这三大表之间的内在联系及彼此间的钩稽关系。你也会学到基本的商务语言即一些概念，如商品销售成本、费用、坏账、权责发生制及相对应的收付实现制、先进先出法、后进先出法、资本性支出及与之相对应的费用性支出、折旧以及现金与利润的区别。

我们的目的是让你通过参与及互动的方式轻松愉快地学习这些知识。许多人需要理解并充满信心地运用所学的财务概念，但却从未利用会计资料进行核算过。若你也有这样的经历，本书也正好适合你。本书的编排，能够使你在学习的过程中就学会编制财务报表。我们邀请你在与本书的互动中来做这个"游戏"。（报表的答案在本书后面的答案章节中。）

　　了解所有这些知识是非常美妙的事情，但是它们对你会有什么作用？本书的最后一章将告诉你一些分析工具，运用它们来分析财务报表以及为你的公司和职业生涯做出更好的决策。

　　顺便提一下，该教学方法使用的资料源自教育探索公司（Educational Discoveries, Inc.）在其20世纪80年代早期举办的一个为期一天的研讨会——"会计游戏"。该教学方法最初由伯克林商业学校（Burklyn Business School）的马歇尔·瑟伯（Marshall Thurber）于70年代晚期创立。南希·马瑞希（Nancy Maresh）——伯克林商业学校的一名学生，接着运用了这个方法并且将之发展为"会计游戏研讨班"。我们衷心感谢他们的原创，并且承诺把这样一个非凡的方法教给更多的人。我们也在此感谢所有参与这类公共或私人研讨班的分散在各地的大约10万左右的人们，他们的见解及建议帮助我们改进了教学方法。

　　"会计游戏"课程目前可以通过沿海培训技术公司（Coastal Training Technologies Corporation）举办的私人研讨会获得。该课程仍是当今世上最成功的财务课程。

　　所以，让我们来享受它吧！**如果你读了本书，你将迅速地学到意想不到的丰富知识。**

达雷尔·穆利斯（Darrell Mullis）

朱迪丝·奥洛夫（Judith Orloff）

目 录

学前测验

1. 下面哪个项目不在资产负债表中列示?

   A. 现金　　　　　　　　　B. 毛利

   C. 资产　　　　　　　　　D. 负债

2. 以下哪个会计核算制度最能准确地反映盈利能力?

   A. 收付实现制　　　　　　B. 资金流量核算制

   C. 权责发生制

3. 应收账款是:

   A. 一项资产　　　　　　　B. 所有者权益

   C. 一项负债

4. 以下哪项对企业的日常经营最重要?

   A. 资产　　　　　　　　　B. 留存收益

   C. 现金

5. 当人们说到利润表的"底线值"时,指的是:

   A. 净利润　　　　　　　　B. 毛利率

   C. 毛利

6. 待摊费用是:

   A. 一项资产　　　　　　　B. 所有者权益

   C. 一项负债

7. 后进先出法或先进先出法是关于什么方面的方法?

    A. 存货的计量   B. 利润比率

    C. 融资

8. 以下哪项是利润表中的项目?

    A. 费用   B. 固定资产

    C. 负债

9. 企业经营时,以下哪项费用支出不会影响现金流状况?

    A. 租赁费   B. 广告费

    C. 折旧费

10. 以下哪个公式是会计基本等式?

    A. 净值=资产+利润   B. 毛利−销售收入=毛利率

    C. 资产=负债+所有者权益

第1章

现金、原始投资、资产、
负债、应付票据、所有者
权益、资产负债表、存货、
盈利、费用

还记得当你仍是一个孩子时是如何学赚钱的吗？

为了赚钱，你会担任临时保姆照顾婴儿，会去送报纸，为邻居扫除人行道和车道上的积雪，会去剪草，还会为度假在外的人们照顾宠物及看护他们的花草树木。

这是每个孩子在生活中至少会遇到一次的做生意的体验，就像是去打棒球和吃妈妈做的馅饼一样的尝试。

现在让我们从柠檬汁售货摊说起。

在会计游戏课程中，我们用到的是这样的场景，这是一个童年的、阳光明媚的、到处都有柠檬汁售货摊的世界。那时的你用小木条自己亲手制作各种玩具，虽然简陋，但却引以为豪；那时的你为拥有一辆自行车或体育用品或心仪的玩具而努力攒钱，仿佛这是最重要的目标；那时的你第一次思考金钱的意义，希望理解关于它所应该知道的一切。

现在，你将有机会回到过去，去学习你所需要了解的商业知识——会计。

所以，请找一个安静的地方放松自己。阅读下面用彩色字体标示的段落，闭上眼睛，想象你刚刚读到的内容，当你读完一段后，就进入下一节，然后一节一节地读下去……

一起来吧。

让我们回忆那些上学的日子。回想一下你5～10岁时所在的那个地方，回想一下你读小学时的学校。如果你不止就读过一所小学，就挑选一所你最喜欢的。

这是一学期的最后一天。明媚的阳光透过教室的玻璃窗洒进来。你迫不及待地等着下课铃声的响起——那时你就可以冲出教室，与伙伴们自由玩耍了。

你是那么年轻、安分守己、对世界充满着渴望。对你而言，一切皆有可能。你觉得自己富有创造力，满怀好奇心和兴趣并且相信自己必将拥有一个成功的人生。

让我们把这个画面印记在你的脑海里，来一次深呼吸，享受它。

下课铃响了。你向老师道别并祝愿他假期愉快，然后便冲出教室。外面的世界如此温暖与美妙！蓝天悠悠，白云朵朵，变幻多姿的云彩装饰起了一个卡通世界。

孩子们尽情欢笑着，剪草机嗡嗡作响，鸟儿叽喳鸣叫。

青草新鲜的气息和花朵的芳香扑鼻而来。

你感觉太棒了！

你回到家，进入家门。因为这样一个特殊的日子，爸爸妈妈都在迎接你的归来。

你又热又兴奋地问道："有啥喝的啊？"

你的爸爸妈妈回答道："孩子，你真幸运！这儿有刚买的柠檬和白糖，让我们来做一壶美味的柠檬汁吧！"

你拿来了一个大水罐，倒入水和冰块，接着兑入新榨的柠檬汁，添些适量的白糖，一杯美味可口的柠檬汁就做成了！

这将会是一个多么美好的夏天啊！

让我们花点时间记住这一刻吧，再做一次深呼吸回味一下。

你拿着一杯柠檬汁走到外面，坐在你最喜欢的大树下。柠檬汁的味道棒极了！突然间，你灵感袭来——为了这样一杯好喝的柠檬汁，人们肯定愿意付一个好价钱！

准备好了吗？Yes

你家车库里放着你开一家柠檬汁售货摊所需要的一些东西：两个木制的将底部开了口的水果箱，一些旧罐子和刷子，一把锤子和一些钉子。你花了一两个小时才把你的柠檬汁摊搭好。看着自己亲手制作和设计的造型慢慢搭建成功真是一件有趣的事情。你终于完成了，再一次仔细地瞧了瞧自己的生意摊。你确信这无疑是世界上最好的柠檬汁售货摊了。

这便是你自己的柠檬汁售货摊。找一些标签或画图笔，装饰一下。如果你愿意，可以装饰得独具匠心。

做生意的地点弄好了，现在就需要有一个产品，这需要花钱！于是，你回到自己的房间，从小猪存钱罐里倒出全部的零钱，有25美分、5美分、10美分的硬币。

这些总共加起来居然有5美元！

你把这些钱放在了一个你认为它足够安全，能防弹、防X射线，又能防盗的——你叔叔正想扔掉的一个旧雪茄盒里。

你不想弄乱了这些硬币，于是，妈妈或爸爸好心肠地将它们换成了5张面值1美元的纸币。为安全起见，这些纸币被放在雪茄盒子"小银行"里保管。为防止其他人擅自打开它，你做了个标记并写道：

私人财产，请勿乱动！

没错，你的钱是安全的。我们怎样称呼这5张面值1美元的钱？现金！

那这些现金又是什么颜色呢？绿色！

现在你就要富起来了，那你怎样"跟踪"这些通过售卖柠檬汁而赚取的上百，哦，不，是百万甚至是亿万的金钱？毫无疑问，你需要一些纸和一支铅笔，来记录做生意时金钱的流入与流出。这样记录的过程就是会计。

你知道通常那些大人们与数字打交道的一种方式就是通过记录，比如棒球赛或高尔夫球赛的记分牌，或是上一次究竟是你的爸爸还是妈妈打扫了小狗弄脏的后院。

于是你决定为你的生意创建一张记账卡片。

你的记账卡可以记录你生意中发生的所有事情。为了便于理解生意中的钱是如何流入并且流出的，我们需要建立一个卡片来记录这样两件事：我们有什么和谁拥有它。

于是，我们需要在卡片的中间画一条线，左边记录你拥有并且用在生意上的东西，右边记录谁拥有这些东西。因此，你的记账卡如表1-1所示。

表 1-1

我们所拥有的东西	所有权归谁

左边表示我们所拥有的东西。

右边表示这些东西属于谁。

现在我们有了一个恰当的记账卡，让我们回到刚才的情景。你有一些现金开始做生意，确切地说，是5美元。

那么，是谁拥有它？

没错，就是你！你精打细算节约用钱，把房子收拾得干干净净。总是提醒爸爸妈妈不要忘记每当自己掉一颗牙齿时，牙仙子⊖总会给上一笔钱的。你所有的努力都是为了那5美元！它不属于任何人，只有你才拥有它。这5美元记在了记账卡的左边，表明这是5美元现金，同时也记录在右边，表明是你自己拥有这5美元。那么，我们如何称呼这5美元？

我们就是想用这5美元来开一家柠檬汁售卖摊，不是吗？

那么，我们应该如何称呼这原本从小猪存钱罐里取出的，用做投资柠檬汁售卖摊的钱？

就称它为"**初始投资**"吧！

谁拥有这个初始投资？当然是你了。所以把它记录在记账卡的右边。

⊖ 美国的民俗里小孩子换乳牙的时候牙仙子（tooth fairy）会到访。家里人会帮孩子把掉下来的乳牙用纸包好放在枕头底下，趁孩子睡着就偷偷把纸包拿掉，换上一点钱，通常是一两美元。——译者注

让我们把发生的情况记录下来（见表1-2）。在左边写上现金5美元，在右边写上初始投资5美元。接着，在每边的最后一行写上合计数。

表 1-2

我们所拥有的东西		所有权归谁	
现金		初始 投资	
合计		合计	

注意到表格的左右两边了吗？

它们是相等的，左边等于右边。

你现在已经知道了财务记账的一个重要法则，即左右必相等。

请重复这条法则，把它记在心头，放在枕边，即使睡梦中都要能记得：

左边永远等于右边！

嗯，进展不错。外面的天气真好，你准备开始大干一场了！你可以闭上眼睛试想一下那些排着长队来品尝你的柠檬汁的顾客们……突然间你发现，开一家这样的铺子不只需要5美元的初始投资，因为你还要花钱去购买制作柠檬汁用的材料。

谁可以作为孩子们最好的私人银行？

当然是爸爸妈妈了。

所以，你找到他们俩中的一位（你当然知道谁更可能会帮助你了），对他说："现在有一个机会摆在你们面前——能教会我1美元的真正价值的机会，能够投资一笔能赚大钱的生意的机会，能够成就一个未来的亿万富翁，并且能够在晚饭前把我打发走不再来烦你们的机会。"

也许是上面的某条理由奏效了，爸爸妈妈同意投资10美元。

你拿着爸妈给的10美元，还没走出门，就听见妈妈大声向你嚷嚷："嗨，孩子，这10美元可不是给你的礼物啊，算是借给你的！"

你马上停住了脚步。"借的？"你重复道，无比失落地对妈妈说："怎么回事啊，难道你们不爱我了吗？"

"勇敢尝试吧，"妈妈说道。这是一个让你认识真实社会的好机会。是的，即使妈妈让你为此签了一张上面写了"欠条"两个字的借条，你仍将拥有这10美元。

你可以用这10美元了，所以，你在记账卡"我们所拥有的东西"项目下的现金一栏中加上了这10美元。

但是，你仍欠着妈妈这10美元。因为你并非真正拥有这笔钱，现在需要在记账卡的右边创建一个新的科目将此记录下来。事实上，你刚刚签了一个"应付"的"票据"给你妈妈。"欠条"在商业上被称做**应付票据**。继续并记录这一事项（见表1-3）。

表 1-3

我们所拥有的东西		所有权归谁	
		应付票据	
现金		初始投资	
合计		合计	

现在，记账卡的左边表明了我们所拥有的东西，那是什么？现金。
到目前为止，我们拥有了多少现金？ 15美元。
在商业上，对于"我们所拥有的东西"你知道叫做什么吗？资产。
因此，从现在开始，我们把资产作为左边一栏的标题。
在记账卡的右边，谁拥有这些现金？你有5美元，你的私人银行家们（你的爸爸妈妈）又有多少？10美元。

　　既然右边存在两个所有者，我们就在他们中间画一道横线，以示
区分。右边的上半部分代表做生意时向哪些人借了钱，对于他们而言，
你有偿还的义务。你打算把10美元还给爸爸妈妈吗？（若你还想过下
一个生日的话，最好还给他们。）你是否欠他们10美元？是的，没错。
这就是为何我们将右边的上半部分标题写成"**负债**"的原因了。

　　右边的下半部分表示你当前在生意中所拥有的份额，那是你的初
始投资。人们怎样称呼所有者所拥有的这个份额？我们试着回答这个
问题吧，在以下答案中标上记号。（提示：可能不止一个答案。）

　　◇　权益
　　◇　所有者权益
　　◇　股东权益
　　◇　净值

你会把以上几个答案全都选上吗？没错，你应该全选，因为它们
都是同一个意思。在这里，我们称右边的下半部分为所有者权益。

　　现在，记账卡的右边由两部分组成：**负债**（我们欠别人的）和**所
有者权益**（你自己拥有的）。

　　还记得我们说过记账卡的左边永远等于右边吗？现在又有一个会
计法则需要你记住了：

$$资产＝负债＋所有者权益$$

反复记忆这个等式。把它写在掌心上，记在冰箱的胶贴纸上，制
作成电脑上的屏保程序。

　　现在你便有了一个有着恰当会计科目的记账卡（见表1-4）。

表 1-4

资 产		负 债	
		应付票据	$10.00
现金	$15.00	**所有者权益**	
		初始投资	$5.00
总资产	$15.00	总负债及所有者权益	$15.00

在我们继续下面的内容之前，来看一下记账卡的左右相等吗？当然相等，永远相等！

做得不错！希望你能从中获得乐趣。你正在积极探索，也许是第一次把事情弄得这么清楚吧。

用什么方式能捕捉这一美妙的瞬间？拍张快照如何？

一张快照能记录多长时间？

◇ 一瞬间

◇ 长于一瞬间

答案是：一瞬间。快照告诉了我们即刻的场景。这张记账卡就好比一张快照，是凝聚在特定瞬间的一个场景，显示了你做生意时的财务状况，即你做生意时拥有的东西以及它们来自哪里。所以，这张快照及时地展示了这样的场景，它的左右两边相等，或者说是"平衡"。那么，从现在开始，让我们称这张记账卡为：

资产负债表

但是，目前，谈了够多的有关时间的哲学特征及严格的界定，我们现在开始着手柠檬汁售货摊的生意吧！

拿着做生意的启动资金，你告诉爸爸妈妈要骑车去商店采购些原

材料。你觉得装在口袋或背包里的钱数额巨大。为了不让这笔钱在还
没花出去之前就弄丢了，你飞快地骑着车
子，哪个强盗会愚蠢地想要尝试追上你飞
速的车轮？！

　　你顺利到达了邻居家的杂货店。它是由
帕克先生开的，人人都称他帕克老爹。和
蔼的帕克有一张宽宽的脸庞和一个大大的
鼻子，深蓝的眼睛上面有一对浓密的灰白
眉毛。他有些秃顶了，可却引以为豪。当
你进入帕克的小店，你就会觉得自己是世
界上最幸福的孩子。

　　你摸摸口袋或是背包，15美元还在。太好了！你打开一张折起来的纸
条，上面写着你开柠檬汁摊需要购买的材料（在你爸爸妈妈的帮助下）。

50个柠檬

5磅白糖

2加仑水

　　其中，水可以用自家厨房里的自来水，柠檬和白糖需要从帕克的
小店买入。

　　一个柠檬卖20美分，白糖每磅40美分。

　　你的数学相当不错，所以把它们相加得出你制作柠檬汁的成本：

　　　50个柠檬（每个20美分）＝$＿＿＿＿＿

　　　5磅白糖（每磅40美分）　＝$＿＿＿＿＿

　　　2加仑的水　　　　　　　　（免费）
　　　――――――――――――――――――――
　　　总的采购成本　　　　　＝$＿＿＿＿＿

把钱付给帕克老爹（他衷心地祝你生意成功）后，你装上这些货物返回家里。到家后，你在厨房将它们卸下。趁自己还没忘记，你制作了一张新的记账卡，记下你购买货物和制作产品所需的花费。你花了12美元买原材料，你需要在现金中减去这12美元并把它记在资产栏下的一个新的位置，因为你已经骄傲地成为50个柠檬和5磅白糖的主人了。

"商务人士把制作产品所购买的原材料称做什么？"现在给你一个提示，该答案的第一个字母是"I"，最后一个字母是"Y"，还需要提示吗？其他的字母是"N-V-E-N-T-O-R"，即**存货**（inventory）。

你猜到"存货"这个答案了吗？如果猜到了，那真是太棒了！

存货是描述原材料、正在加工的在产品和准备出售的产成品的专业术语。你在生意中会用到柠檬和白糖，它们被当做资产，所以，存货就是一种资产。

花点时间填制如下所示的记账卡（见表1-5）。

表　1-5

资　产		负　债	
现金		应付票据	
		所有者权益	
存货		初始投资	
总资产		总负债及所有者权益	

仔细观察一下最近制作的这张记账卡。你的现金减少了，其中一部分现金变成了存货，换句话说，你将一项资产转换成了另一项资产。

这种转换改变了你的总资产吗？没有。你的总资产还是15美元。

记账卡的右边因为你采购了一些货物而发生变化了吗？没有。整个负债及所有者权益还是15美元。

记账卡的左右相等吗？是的！

所以，你的记账卡是平衡的！

现在该来制作柠檬汁了。

要注意不要浪费一滴柠檬汁或一小粒白糖。你发现50个柠檬、5磅白糖和2加仑水可以做成整整60杯柠檬汁。

让我们把这个过程放入一个方程式中，计算一下你的产品成本。

50个柠檬（每个20美分） $_____

5磅白糖（每磅40美分） $_____

+2加仑水   免费
_____

60杯柠檬汁= $_____

既然你知道产品的总成本，让我们计算出每杯柠檬汁的成本，即**单位成本**：

$$\frac{产品成本\$\_\_\_\_\_}{玻璃杯数\_\_\_\_\_} = 单位成本（每杯）\$\_\_\_\_\_$$

你满怀希望地计算出每杯柠檬汁的成本为20美分。（12美元除以60杯。）

你现在知道了做一杯柠檬汁需要20美分。

这绝不是一杯普通的柠檬汁，在你小小的心目中，它是世界上最好喝的柠檬汁！

于是，你问自己，"人们将会为一杯世界上最好喝的柠檬汁支付多少钱？"

你的要价肯定要大于你的成本，否则，你的生意就不会长期地经营下去。但是，卖多少钱一杯合适？

你向周围的人询问。你问了你的家人、朋友、邻居，甚至还有你养的小狗和宠物龟。你想到了餐厅里卖的饮料的价钱。你还记得去年夏天，街头的小男孩（你并不喜欢的那个）用自制的、味道糟透了的粉剂调制的柠檬汁，居然要价1美元。当然，最终他只靠它们赚了几美元，而你早料到这种状况了（你暗自嘲笑着他），而且就连那区区的几美元也都是他父母为了怜悯和帮助他买下的，即使那些柠檬汁简直难以下咽。

而你的柠檬汁是相当不错的。但你却不想因为价格太高而吓跑了顾客。因此，在总结调研的结果和一番深思熟虑后，你决定每杯售价50美分。

终于，迎来了重要的一天。你的柠檬汁售货摊开业了！

这是一个温暖、阳光灿烂、充满希望的日子。人们成群结队地走出家门，遛狗、骑车或是打零工。令人兴奋的是，他们看上去都很想喝杯饮料！

仅仅几个小时，你的雪茄盒里就装满了25美分、1美分、5美分、10美分的零钱，甚至还有大面值的纸币！你忙得几乎供应不上了！手工调制了那么多杯冰爽、美味、新鲜的柠檬汁后，你的手臂累得几乎要折了！但你毫不在意，因为生意是那么好！

到收摊时，你已经卖完了50杯——整整50杯柠檬汁啊！你数着赚来的各种零钞和整钞。

你当然还记得购买制作柠檬汁的原材料的开销。每杯花了20美分，所以50杯总共花了10美元。

你现在开始计算：如果总共卖了25美元，成本是10美元，那么你就赚了15美元。你知道这叫什么吗？**利润或是盈利**。为了计算出盈利多少，你需要用**销售收入**（卖柠檬汁的所得）减去**商品成本**（制作所销售的50杯柠檬汁的花费）。这一结果，被商业人士称做**毛利**。

销售收入　　　　　　　　$＿＿＿＿

销售成本　　　　　　　　$＿＿＿＿

（50杯，每杯20美分）
＿＿＿＿＿＿＿＿＿＿＿＿＿＿＿＿＿＿＿＿＿

毛利（到目前为止的盈利）$＿＿＿＿

让我们在记账卡上反映这一天的生意情况吧。

记住，你卖了50杯柠檬汁，用了10美元存货来制作它，因此，存货的金额大大减少了。与之对应的是，到手25美元的现金，这就是50杯柠檬汁的销售收入。接着记录这些变化（见表1-6）。

表　1-6

资　产		负　债	
现金		应付票据	$10.00
		所有者权益	
存货		初始投资	$5.00
总资产		总负债及所有者权益	$15.00

这张记账卡左右相等吗？不相等。

那左边比右边多多少？15美元。

谁将拥有这15美元？你自己。

所以我们在所有者权益中加上15美元。但这赚来的15美元并非初始投资。那么，思考一下我们还需要做什么？没错，在所有者权益栏中增加一个项目。我们赚了15美元，所以要在所有者权益一项中加上本周的盈利。

在你下一张记账卡上列示出你的本周盈利（见表1-7）。然后把该数字加在负债及所有者权益的合计数中。

现在，让我们看看左边的总额是多少？30美元。

表 1-7

资 产		负 债	
现金	⬭	应付票据	⬭
		所有者权益	
存货	⬭	初始投资	⬭
		本周盈利	⬭
总资产	___	总负债及所有者权益	___

右边的总数是多少？30美元。

左右相等吗？是的。

这反映了会计的基本法则：资产＝负债+所有者权益。

你在什么时间赚到了这15美元？现在！

谁拥有了这些盈利？你，你，当然是你自己喽！

你的记账卡上有变化吗？多大的变化呀！现在，让我们再来拍一张记忆快照吧，让思绪回到开柠檬汁摊的第一天，就在那天你开始赚钱了！

那天傍晚收摊后，当你还在心里盘算着如何将所赚的钱花掉时，爸爸妈妈给了你一枚"重磅炸弹"！

对于那些用来盛果汁的，向爸爸妈妈借来的玻璃杯，你都非常小心的放置，而且用完后清洗得光可鉴人，然后把它们完好无损地一一放到橱柜里，杯子上甚至连一道水渍都没有。

猜猜发生了什么？爸爸妈妈正等着给你上一堂探讨"生意经"的课程！而且他们决定向你收取2美元的玻璃杯租金！！这就是他们所谓的对我的爱？！对此，你沉默不语，但私下里却暗自在想，爸爸妈妈看到我赚钱了也想分一杯羹呢！

还有比这更糟的。第二天，你最好的朋友（那个你原以为是自己最好的朋友的人）宣称由于他为你的柠檬汁摊刷了油漆，你必须支付他1美元。

好吧，人多力量大。那天下午，你决定把你的售货摊从前院搬到位于拐角处的邻居家旁，你确信这样能吸引更多的顾客。但现在唯一的问题是，邻居一直对你有点意见，因为他们曾经付钱让你在他们度假时帮忙给院子的草地浇水，而你居然让水管里的水白白流了将近5个小时并且淹没了他们的地下室。但是，要知道，那是去年夏天，那时的你还是个不懂事的傻孩子！如今，你已经成为崭露头角且拥有个人生意的"商业人士"了。

怀着像猫见狗似的胆战心惊的心情，你敲开了邻居家的门，向他们说明了自己的来意。令你松一口气的是，他们居然没有提起去年夏天的"水淹地下室事件"。他们对你经营柠檬汁摊生意的创意印象深刻，并且就你占用他们的前院提出了一个合理的价格。

既然你已经是一个真实的生意人了，有着真正的销售收入和费用，你打算支付给邻居2美元在他们院子的草地上租一块地方。

花2美元租玻璃杯，1美元做广告，另外2美元租场地。

现在先停下来计算一下你的**费用**：

玻璃杯租金	$_____
广告费	$_____
场地租金	$_____
总费用 =	$_____

费用是指那些剔除产品生产成本之外企业经营所需要的花费。无论你调制了多少杯且卖了多少杯柠檬汁，你都必须花费这笔钱。那些诸如玻璃杯租金、广告费、租赁费等虽然与产品的生产不直接相关，但仍需支出的费用都属于该范畴。

你用现金支付了这些费用，在下面的记账卡中记录这些变化（见表1-8）。

表 1-8

资　产			负　债	
			应付票据	$10.00
现金			**所有者权益**	
			初始投资	$ 5.00
存货			本周盈利	$15.00
总资产			总负债及所有者权益	$30.00

这张记账卡的左右相等吗？不相等。

为了使左右相等，你需要从右栏中拿走5美元。那从应付票据的10美元中拿掉5美元如何？思虑再三，你觉得若是按照爸爸妈妈一贯的做法，你早就要为这10美元的借贷支付一笔财务费用了，这完全有可能！

那么费用支出会使什么减少？费用减少了盈利。

所以你需要从本周盈利中减去相应该期间发生的费用。在下面的记账卡记录这个变化（见表1-9）。

表 1-9

资　产			负　债	
			应付票据	
现金			**所有者权益**	
			初始投资	
存货			本周盈利	
总资产			总负债及所有者权益	

现在，左右相等了吗？当然相等了！

你的现金在减少，但还拥有足够的资产去支付欠爸爸妈妈的10美元借款。你决心归还这笔钱，要知道你的柠檬汁生意将会越做越好，完全有可能与耐克、迪士尼、可口可乐，甚至微软相比！

你找了些小额的揉得皱巴巴的纸币，从中数了10美元，然后把它们别在一张卡片上。卡片上留言道：

谢谢你们的借款！我爱你们！

你把钱和卡片放进信封里，封好口，递给了爸爸妈妈。

他们打开信封，读了卡片，把10美元装入口袋，十分高兴。"孩子，好样的！做得非常好，我们真为你感到骄傲！"他们分别拥抱了你！这真是一个无比荣耀的日子！爸妈归还了你的借条，你马上就将它撕碎了。生活真是妙不可言！

为了付清借款，你支取了10美元现金。但这使得应付票据金额减少为0。在下面的记账卡记录这个交易吧（见表1-10）。

表　1-10

资　产		负　债	
现金		应付票据	
		所有者权益	
存货		初始投资	
		本周盈利	
总资产	____	总负债及所有者权益	____

左右相等吗？没错。

那么，这是一张何种类型的记账卡？是一张资产负债表。

资产负债表必须具备的特征是什么？平衡。

让我们来看看资产负债表的编制目的吧。

左边是资产。资产这个术语对于孩子来说不太好理解。因此，为了便于理解，我们可以把它看成东西和物品。

右边是负债和所有者权益。这都是孩子们难以理解的字眼。负债代表了那些你欠钱的人。所有者权益就是你自己——企业的所有者。谁可以拥有它？当然是某些人了，所以，把右边可以假想为"人物"。

因而，资产负债表的编制目的就是在人和物之间建立一种联系，它表明了你在生意中所拥有的东西，以及这些东西与那些拥有它的人或对此有要求权的人们之间的关系。

现在，让我们回去计算一下在你的售货摊开业的一周内总共做了多少张类似这样的资产负债表。很多很多，是吗？！因为你每做一笔交易都会做一张这个表。

通常情况下，每做一笔交易都要填一次表吗？当然不用。

资产负债表的编制时间要求因企业的类别不同而异。银行通常每天都要编制，因其每天都要处理大量的现金。其他的一些企业可以按照周、季度、年度来编制。（年度编制被公认为是一个标准的会计期间。）

因为你打算整个夏天都要卖柠檬汁，所以我们将以周作为会计期间，每周编制一次资产负债表。

迄今为止，你做得非常好！但资产负债表能够告诉你生意中所有的事情吗？让我们回顾一下最近一次完成的报表。

资产负债表未记录下来但属于本周发生的事情有哪些？

资产负债表上有没有显示你本周的销售收入？没有。这张报表告诉了你所售商品的成本了吗？也没有。

这周你购买存货了吗？是的。还记得那次采购之旅吧？！

那你卖掉商品了吗？当然！

资产负债表告诉你卖了多少存货吗？没有。

它告诉了你所有的费用了吗？（譬如玻璃杯租金、广告费及租用邻居的场地费。）当然没有！

它告诉你赚了多少钱吗？没有，没有，太多问题在表中找不到答案！

那么做生意需要知道以上所有这些相关信息吗？当然！问题在于，通过阅读资产负债表，你找不到这些问题的答案。那我们该如何去做？

创建另一张记账卡。

我们知道资产负债表展示的是瞬间的状况，就像一张快照，但还需要另一张记账卡告诉我们一个期间内的经营情况。一些交易的发生，譬如购买存货、生产产品、销售产品以及费用的产生都发生在一段时间内。

什么类型的片子能够记录一段时期的状况，包括正在发生的事件？

当然是一部电影或录像。

所以，我们需要一张类似于电影胶片的记账卡，它记录了一段时间内发生的事情，像电影和录像一样有开始和结尾。

幸运的是，这种类型的记账卡是存在的，它有着各种各样的叫法。以下这些称呼你熟悉吗？

运营报表

利润表

损益表

以上这些术语表示了同一类型的财务报表。但是，本书中，我们称之为利润表。

现在，你需要休息一下吗？谈了太多关于柠檬汁的话题都使你感到口渴了吧——趁机喝杯柠檬汁如何？若你打算休息得久一点儿，在学习下一章之前，可以复习一下本章的内容。如果你能像骆驼那样耐渴，不妨继续学习下一章——利润表。

第 2 章

毛利、净利润、利润表、
现金流量

想象一下人们第一次接触电影的那种感觉！在发明电影之前，捕捉世界的唯一方法是静态的——一个固定的影像，譬如照片或图画。接着，随着第一部电影的问世，人们能够看到不同地点同时发生的事件和一个真实、动态且不断变化的世界。

上章结尾，我们说到若资产负债表好比一张商业快照，那么利润表就好比一部电影。照片有开始和结束的时候吗？（当然没有，除非你想收罗那些奇怪的哲学论点，但连你最好的朋友都厌倦与你论及它们。）那么，一部电影有开始和结束吗？（你有两次机会回答这一问题，当然第一次不算数！）

所以，利润表有开始和结束。

现在，既然我们一直在谈论财务记账卡，而非耗资几千万的好莱坞大片，那么让我们来看看利润表到底能向我们展示什么？

既然被称为利润表，就让我们从柠檬汁售货摊的利润是怎样产生的开始吧，它从何而来？

你的回答是："销售收入？"很好！

所以，我们从销售收入开始吧。产生这些收入消耗了我们的产品吗？是的。我们需要为已经卖出的商品找一个称呼。

嗯……现在有主意了吗？

好的，那我就斗胆提议，当然，要经过你的同意，叫**商品销售成本**如何？

商品销售成本意味着什么？重要的是，它仅与什么有直接关联？**我们的产品或是说柠檬汁。**

现在，来做个计算。如果我们从销售收入中减去商品销售成本，并非减去我们花在其他物品中的开销，能得到什么？

毛利。

毛利就是销售收入减去商品销售成本的结果。（净利润与此不同，一会儿我们将会讨论它。）

销售收入

－销售成本
_____

＝毛利

为何我们称它为毛利？德语中，单词"gross"意思是"big"或"fat"，那么为何是"粗略估算的利润"（fat profit）？

因为我们还没减去生意中其他的开支。

那么生意经营中还有哪些开支？

我好像听见有人在说"费用？"嗯，说对了！

仅仅将我们的柠檬汁售货摊开在人行道旁就花了一笔钱是吗？**是的！** 我们租用了玻璃杯、邻居家的场地，还做了广告！那么，无论我们有没有售出一杯柠檬汁，这些费用都必须支出吗？**嗯，没错！**

刚才，我们谈到从销售收入中减去柠檬汁或商品销售成本后得到毛利。现在，让我们再减去所有其他的费用，我们会得到什么？（这就是我们所好奇的净利润了！）

$$销售收入$$
$$-销售成本$$
$$———————$$
$$=毛利$$
$$-费用$$
$$———————$$
$$=净利润$$

注意到净利润在公式的最下面吗？所以，净利润又被称为？

底线值。

你可以看到我们的利润表将成本分为两类：商品销售成本，其囊括了产品生产过程中所有的支出；费用，其囊括了企业经营中与产品生产不直接相关的其他支出。对于那些没有有形产品的公司（即服务类行业），这两类称为营业成本（又称服务成本）及费用。

现在，请回顾上一章的内容，将数字填到下面的公式里，这样，我们能清楚地看到底线在表中的位置。

销售收入	$_____
-销售成本	$_____
———————	
毛利	$_____
-费用	$_____
———————	
净利润	$_____

让我们花一点时间复习吧。利润表的编制目的在于记录销售收入减去销售成本而获得企业某段时期的毛利，然后，再剔除所发生的其他费用，能得到什么？

净利润。

净利润的另外的叫法还包括什么？

纯利润或底线值。

那么，收益、净利、纯利、底线值，它们都是一个概念吗？

是的，没错！

现在，让我们重新回到生意的经营过程中去吧。我们将逐项地做一张详细的利润表（见表2-1）。你可以拿一样直一点的东西（一把尺子，甚至一个信封或一张纸都可以）。以便做好这张表。

表2-1　利润表

我们说过利润表就如同一张动态的影片，因为它有开始和结束。这个时间段可以是一周、一个月、一个季度等。无论时间的长短，都称为**会计期间**。

还记得当你还是个孩子时，是如何眼巴巴地期盼着一天天赶快过去，最好马上进入下一周或下个月的情景吗？还记得早起时你的苦恼和不得不耐着性子等到下午才能与玩伴聚会相见的煎熬吗？那么既然我们经营的是卖柠檬汁的小摊，所以，不要把会计期间弄得太长了，就以"周"为单位吧。

因此，让我们从周一算起，到周日结束。哦，那么我们已经经营了整整一个星期了！这可比当初想着开一家柠檬汁售货摊的时间还要长。

还记得我们这一周的销售收入总额吗？

若是忘了，请回到第1章去查询。

你信心满满地把一周的全部收入共25美元拿出来，把它放在利润表的右边。为什么？因为利润表里的收入是总额的概念，我们一会儿再用到它。

顺便说一下，你也许注意到为了获得全部信息，不得不翻回到上一章去查询。你知道一个企业是如何整理信息以便方便查询和使用的吗？企业会设置一个**总分类账**，用来序时地记录每天发生的交易。在那些美好的旧时代，每一笔会计分录都是手工填制的。（还记得那个《圣诞赞歌》⊖里的"小气财神"是如何篡改账目的吗？）时至今日，大多数公司都使用计算机了。设置好程序的软件可以为每笔交易自动产生会计凭证、登记账簿及汇总报表。

让我们来看第二行。上面的内容是什么？期初存货。

⊖ *A Christmas Carol in Prose, Being a Ghost Story of Christmas*，又名*A Christmas Carol*，查尔斯·狄更斯著，最早出版于1843年12月19日，是著名的圣诞故事。该书描述了富有、吝啬又暴躁的会计所老板Scrooge在一个圣诞夜遭遇的一系列奇异事件。他在自己的办公室遭遇了前老板的灵魂，回家在睡梦中又有一群灵魂造访，他们带着他神游，重温他生活经历中的点点滴滴，又向他展示了一个守财奴生命最后一刻的悲惨景象，并告诫他如果不改变自己的吝啬，同样的事情就会发生在他自己身上。经历了这一切的Scrooge从此改变了人生态度，变得慷慨、乐于好施，并且深受人们爱戴。——译者注

我们在这周前有存货吗？没有，本周前我们甚至还没开始做生意！

因此，期初存货额是多少？0。把这个数字填到表里去。

那么，为了生意的开张，你去买了些什么？2美元的白糖和10美元的鲜柠檬。把这些数字也填进去。

继续往下。

鉴于以上这些数据，你本周可以卖多少存货？（期初存货+买入的存货），但是你把它们全都销售出去了吗？没有。

转到下一行。

我们减去什么？没有卖完的柠檬汁。我们把它称做什么？期末存货。

既然我们没有卖掉它们，我们在计算销售成本时就不能把它们包括进去，是吗？没错。

继续下一行。

现在该到数学计算的时间了。期初存货+买入存货−期末存货=？答案是实际已售存货成本，那是多少？（把你的计算结果写在利润表上。）

当你在填销售成本这个数字时，注意到这个数字是不是也在右边？是的，在右边。

这意味着我们要如何运用这个数字？

减去它。

现在，从销售收入中减去销售成本，我们会得到什么？（同样把这个结果写在下一行的右边。）

我们称这个数字是什么？这就是我们的毛利了！

接下来，我们该减去什么？费用。

我们的费用包括……有玻璃杯租金、广告费及场地租金等。

所有费用是多少？把它们加在一起。

注意到这个费用总和放在了哪里？表中右边的相应位置上。

接下来我们要做什么？减去费用总额。

从哪里减去它？毛利。

毛利减费用总额的余额是什么？是我们的净利润。

金额是多少？（把它填在利润表上。）

让我们休息休息，揉揉眉头，放松放松紧张的神经吧。

现在，请将利润表上的数字与上一章最后一张资产负债表（表1-10）中的数字相比较。有没有注意到利润表和资产负债表中有着相同的数字？当然有，它们是盈利或称做净利润。

那么，这两个项目是否相同，即本周盈利（位于资产负债表中）和净利润（位于利润表中）？是的！

刚才，我们将财务记账卡比做快照和动态影片，现在让我们换个角度观察它们。

资产负债表就好比你所居住的州的地图，你会在这张地图上看到什么？（城市、主干道、河流、山川等。）总之，是一张城市中各个地点详细位置的缩略图。

让我们集中关注资产负债表中的一个项目——盈利。假设它是你所居住的一个城市或小镇。地图告诉你它的位置，但却没有其他相关的详细资料。为了能在地图中清楚地看到城市中的街道、河流、当地的地标，我们需要一张什么样的地图？（城市或小镇自己的地图。）这需要把原来的州地图充分放大，这也就是利润表的作用了。它就好比一张放大的州地图或详细的城市地图，告诉了我们盈利如何获得，而资产负债表仅仅表示你拥有了10美元的盈利。利润表显示了你有25美元的销售收入，相应的成本是10美元，费用是5美元。

回到我们的会计世界吧，我们将资产负债表中的最近一周的盈利细化，能得到什么？

利润表！

让我们看看第1章最后一张资产负债表（见表2-2）中的数字及我们刚刚填制的利润表（见表2-3）中的数字。

表 2-2

资产		负债	
		应付票据	$0.00
现金	$13.00	**所有者权益**	
存货	$2.00	初始投资	$5.00
		本周盈利	$10.00
总资产	$15.00	总负债及所有者权益	$15.00

这两张表有何关联呢？净利润的数值和盈利的数值相同。

还有什么相同的数字吗？是的，存货也一样。

你有没想到为什么期末存货会同时出现在资产负债表和利润表上？因为我们没有使用它！

我们不能把它算做销售成本，因为我们没有把它销售出去。所以，我们从可供销售的商品中减掉它们。而在资产负债表上，因为我们没有卖掉它，它的价值仍然存在，我们仍旧拥有它吗？是的！

那么我们可以在未来的某个时候把它们卖掉吗？当然！所以，我们把它作为期末存货。

因为现在已经是周末了，所以，这是什么类型的资产负债表？一张期末资产负债表。

表2-3 利润表

利润表	起始时间：星期一上午	截止时间：星期天下午
销售收入		$ 25.00
期初存货	$ 0.00	
+原料采购		
糖	2.00	
鲜柠檬	10.00	
可供出售的商品	$ 12.00	
—期末存货	2.00	
=商品销售成本		10.00
毛利=		15.00
费用		
• 玻璃杯租金	2.00	
• 广告费	1.00	
• 场地租金	2.00	
=总费用		5.00
净利润		$ 10.00

既然这是张期末资产负债表，它里面的存货代表什么？**期末存货。**

让我们看看这两张财务报表是如何相互关联的。我们在星期一将以哪种资产负债表开始？**期初资产负债表。**

那么在下个星期天的晚上将以哪种资产负债表结束？**期末资产负债表。**它们就像两张即时快照。现在，我们已经制作了一连串的资产负债表——每笔交易做一张。我们在本书中将要一直做这类报表，但实际上，公司只要在一个会计期间的期初和期末各做一张资产负债表即可。

在本周开始时，我们的初始存货是多少？**0。**期末存货价值多少？**2美元。**

那我们的期初盈利是多少？**0。**期末盈利又是多少？**10美元。**

是什么将期初和期末的资产负债表连接起来的？是展示"故事情节"的利润表。

期初资产负债表告诉我们一个会计期间开始的情况，期末资产负债表告诉我们相应的时间段结束时的状况，那么，哪种报表告诉了我们从期初到期末的过程中发生了什么了？

利润表。

你做得真棒！你现在俨然已经是一位通晓会计基础知识的企业家了！

既然你做得不错，现在就出个小难题考考你。还有一个项目是本周发生的，却既未出现在资产负债表中，也没出现在利润表中。

这里向你提出三个问题：

这个项目是什么？

为什么它均未出现在这两大财务报表中？

该项目的缺失，告诉了我们，迄今为止，我们的记账缺少了什么？

第一个问题的答案是：已经偿还给爸妈的借款。为什么该项目未显示在资产负债表上？因为已经还了这笔钱。资产负债表上的借款是表示在资产负债表日你尚未还的债务。

为了更好地理解该项目为什么也没出现在利润表中，你需要问一下自己是如何获得这笔钱的。是你赚到的吗？不是，而是爸爸妈妈借给你的。你因为偿还这笔钱损失了什么吗？没有，你只是在使用它们一段时间后还给了爸爸妈妈。所以，这笔借款的本金——你实际借到的钱，并不出现在利润表中，因为它不是"赚"来的。那它对利润表有何影响？利息。借款的利息是一项费用。感谢上帝，爸爸妈妈居然没想到要这笔利息！

从以上三个问题可以看出我们的记录情况如何？是不完整的。

瞧瞧，这两张财务报表并不能将整个生意状况完整地展示出来！要想达到此目的，你至少需要三类报表。那第三类是什么样的？（可能你已经知道了。当你获得借款以及之后归还它时，什么项目受到了影响？当然，是你的现金流。因此，第三类报表就是记录你的现金出入的现金流量表。我们将在下一章详细介绍。）

哦，又到周末了。还想继续工作吗？想错过一个能与朋友在一起游泳、玩耍的周末吗？让我们休息一天吧。

对于那些剩下的期末存货——10杯柠檬汁，我们该如何处置？把它们放在冰箱里，并贴上纸条注明：

仅限出售使用！

请勿动，否则见上帝去吧！

该是休息的时候了。

在你离开之前，奖励给自己一块金牌，以庆祝生意成功开业一周！干得真不错！

第 *3* 章

留存收益、贷款、赊账、
应付账款、应付票据

新的一周又开始了。一个阳光明媚的清晨预示着将会有一个炎热的中午。这一切表明，你将成为一位崭露头角的饮料业大亨！这样的天气非常适合柠檬汁的销售！

上周的生意对于一个初次做生意的孩子来说已经相当不错了，但从现在开始，让我们放眼世界吧！

首先，让我们回顾一下上一章的最后一张资产负债表（见表3-1）。

表 3-1

资　产		负　债	
		应付票据	$0.00
现金	$13.00	所有者权益	
		初始投资	$5.00
存货	$2.00	本周盈利	$10.00
总资产	$15.00	总负债及所有者权益	$15.00

这张资产负债表属于哪段时期？上周。

因此，它属于哪种资产负债表？期末资产负债表。

既然这是一张期末资产负债表，那我们的期末存货放在哪儿了？冰箱里。

现在是星期一的早晨，你打开冰箱时发现了什么？你的柠檬汁或者某个非常严重的"回答"！

当然，为了家庭的团结和睦，让我们还是认为你的柠檬汁尚且安然无恙地放在冰箱里。上周的期末存货，成为本周的哪种存货？期初存货。是的，没错。

再次提醒：期末存货自动将变为哪类存货？没错，就是成为下周的期初存货。

我们所编制的期末资产负债表是上周的，如今已是第二周的开始，我们将做哪种类型的资产负债表？期初资产负债表。

现在我们还有一件需要做的事，就是将上周期末资产负债表转换为本周期初资产负债表。该如何转换？没错，通过"盈利"这个项目。

那是哪一周销货的盈利？

上周，即开业的第一周。因此，那些盈利现在看来是什么？历史盈利。

那么以前的盈利或是过去会计期间的利润又该称做什么？留存收益。

是的，就是**留存收益**。那我们需要为哪个期间的收益项目保留一个位置？

本周。

为了放置本周的盈利，我们打算把上周的利润一直滚存到本周，这是一个新科目，叫做"留存收益"。让我们通过歌声来完成这个过程吧！一、二、三，开始唱：

"盈利滚滚来，柠檬变黄金，

盈利滚滚来，柠檬变黄金。"

哦，你已经将利润滚动起来啦。现在，你已经有了10美元的留存收益，但本周的盈利仍为0。把它记录在资产负债表上吧（见表3-2）。

留存收益这个项目告诉我们迄今为止的累积盈利是从什么时候开始核算的？本次会计期间以前的。

表 3-2

资　产		负　债	
		应付票据	
现金		负债合计	
		所有者权益	
		初始投资	
		留存收益	
存货		本周盈利	
		所有者权益合计	
总资产		总负债及所有者权益	

那留存收益究竟是什么？我们说过，它是过去会计期间的累积盈利。你可以用盈利来做两件事，即把它们留在"生意"里或者把它们分给公司股东。就一个公司而言，利润的分配意味着给股东发放红利，那些尚未分配完的剩余利润将被留在公司里。

本周，我们的盈利将记录在"本周盈利"中，因为我们的经营总是在本期。

让我们回顾一下：新的一周开始时，为了将我们的上期期末资产负债表更新至本期期初资产负债表，我们需要做些什么？

滚存利润，并将它们留在公司里，并将期末存货改为期初存货。

好极了！现在我们开始新的一周了。

每天早上醒来，你是多么想再多睡一会儿啊，可是不行，时不可待，还要抓紧时间卖柠檬汁呢！

真正的生意人是不会向爸爸妈妈借钱的，他们都是从银行贷款。

早餐后，你换上干净整洁的衣服，仔细梳理完头发后，拜托爸爸或妈妈开车带你去附近的银行。你打算将自己的财务报表拿给银行家瞧瞧。

银行家穿着职业套装，整齐干净，一尘不染。可是，你却脚蹬运动鞋、身穿牛仔裤和T恤衫，从着装上，一看就是个业余商人。

当坐在对你而言显得无比巨大的椅子上时，你不得不告诫自己：不要跷腿，尽量坐直，让自己看上去像个大人。

"我会成为您的优质客户的，我向您保证。"你向银行家说道，"您不必担心借我的钱拿不回来。我曾向爸爸妈妈借了10美元，并且已经非常守信用地还给了他们。"银行家看了看你，并点点头。

"看一下我的报表吧，"你自豪地说道，"我现在有13美元的现金，一些存货，没有债务，我以5美元起家，开业的第一周就赚了10美元。"

银行家看了一眼你的财务报表，点头说道，"非常不错，许多成年人的生意都做不出你这样好的业绩！"

虽然银行家看上去很严肃，但你非常确信他刚才的一席话是在表扬你。"那您愿意把钱借给一个孩子吗？"你问道。

"我们不会因为年龄、性别、宗教信仰、种族或人种而歧视任何一位潜在的客户。"银行家说道。

这无疑是对你的问题给予了肯定的回答！

"那接着看看我的利润表吧，"你继续说道，"上周我的销售收入为25美元，毛利是15美元，除去一些费用，我的净利润有10美元。您可以贷给我50美元吗？"

最后，银行贷给了你50美元的贷款。

"嗨，多谢了，"你对银行家说道，"我的生意承蒙您的支持，我非常感谢。我一定不会让您失望的。有空经过我的柠檬汁摊时，记得来品尝品尝哦！"

快要离开时你又禁不住说道："要知道5美元的初始投资，赚了10美元，这可是投资收益率高达200%的生意啊。银行恐怕没有这么高的报酬率吧？！"

银行家听后笑了笑，并祝愿你的生意越来越兴旺发达。

现在，请把刚刚发生的事情记录在你的报表中吧（见表3-3）。

表 3-3

资　产		负　债	
		应付票据	$0.00
现金		负债合计	$0.00
		所有者权益	
		初始投资	$5.00
		留存收益	$10.00
存货		本周盈利	$0.00
		所有者权益合计	$15.00
总资产		总负债及所有者权益	$15.00

首先，什么到手了？现金。

所以，左边加上50美元的现金。

两边平衡了吗？没有。

我们现在欠谁的钱？欠银行50美元。

我们把所欠的钱放在哪个项目里？应付票据。

把这些在下面的报表中显示出来（见表3-4）。

表　3-4

资　产		负　债	
		应付票据	
		负债合计	
现金		**所有者权益**	
		初始投资	$5.00
		留存收益	$10.00
存货	$2.00	本周盈利	$0.00
		所有者权益合计	
总资产		总负债及所有者权益	

现在两边平衡了吗？是的。

从银行回来已经是吃午饭的时间了。天气看起来好像要下雨，所以你决定给自己放假一天。（这可是自己当老板的好处呀！）可是，你又担心放在冰箱里的柠檬汁无法保鲜到明天。于是，你盘算着以2美元的成本价出售给你最要好的朋友。他总是感到口渴而且非常喜欢喝柠檬汁，这可是双赢哦！在今天这样一个收获颇丰的日子里，唯一令人沮丧的是——因为你回家比往常早，爸爸妈妈要你自己动手打扫房间。

那么刚才发生的事情导致了财务上的哪些变化？存货减少了吗？是的，所有库存都用完了。如果存货为0，那2美元去哪里了？你的朋友买了它，并支付了你2美元，所以，把这2美元加到现金中去吧（见表3-5）。

表 3-5

资　产		负　债	
		应付票据	
		负债合计	
现金		所有者权益	
		初始投资	$5.00
		留存收益	$10.00
存货		本周盈利	$0.00
		所有者权益合计	
总资产		总负债及所有者权益	

现在两边平衡了吗？**是的。**

发生了什么？2美元的柠檬汁库存变成了什么？**2美元的现金。**

这时，总资产变化了吗？**没有。**

那么，有销售收入吗？**是的。**

只是这笔交易我们没有获得什么？**利润。**

那这笔交易是否会在利润表中显示？**是的。**在哪个项目中显示？**销售收入总额中。**记住，在编制你的本周末利润表时，把这笔钱数加在你的销售收入总额上。

结束完短暂的休假（其中不得不被家务活儿打断），你需要制作一些新鲜的柠檬汁。一个偶然的机会，你听见爸爸妈妈在谈论有关偿还杂货店欠款的事情，因为那里能赊账购买东西。你马上联想到，自己是否也能在杂货店设立一个赊购账户，嗯，值得一试。

你把自己的想法告诉了爸爸妈妈，他们很赞同。于是，你取出存放在车库里的自行车，一路狂飙，来到杂货店。（当然，一路上你都很小心，注意躲闪疾驰的车辆和那些四处乱跑的疯狗。）

进店前，你停下来稍作休整，在玻璃橱窗前整了整衣衫，沾着唾沫梳理了骑车时被风吹乱的头发。爸爸妈妈非常厌恶你吐痰，可毕竟情况紧急。现在，你要向杂货店店主——帕克老爹展示出一位企业家的"风范"，而不是一个汗涔涔的小男孩形象。"您好！帕克老爹，"你边走进杂货店边打着招呼，"我现在像您一样，开始做生意了。我发现要想同那些真正的大公司竞争，实在非常困难，难道不是吗？像我们这类的小商贩就是应该团结起来，对吧？比如说互相帮助。我现在想以每磅40美分的价格买10磅白糖。"

"嗯，可以成交。"帕克先生虽面露难色但也勉强同意了。帕克老爹的杂货店是一个家族企业，整个店都挤在一间大房子里，售卖的东西从新鲜的蔬菜到货架上的零食，真是琳琅满目。虽说空间不大，整个店都被各种货物堆的满满当当，地上铺的地毯似乎已经旧得足足用了50年，但你却非常喜欢它，觉得比起那些虽说宽敞但一点没有人情味儿的超市可好多了，并且还有一个很重要的原因是：和蔼可亲的帕克老爹会给每一个进店的孩子都免费送一块小甜饼。

另外，那里的服务极佳，无论是老帕克还是其他店员，都会随时恭迎每位顾客，等着为顾客服务。他们知道每个顾客的姓名。至今你还记得有一次，妈妈无意中选了几个熟透了的水果，可帕克老爹见了，没有让你妈妈买下它们，而是把它们留下并亲自挑了一些货架中最好的水果免费送给了妈妈！老帕克总是知道如何招揽顾客！

　　你真的非常喜爱老帕克，他就像是你最喜欢的伯伯或爷爷。因此，你鼓足勇气接着又说道，"而且，我还想赊账购买这些白糖。"

　　"赊账？好的，小家伙，请告诉我我凭什么赊账给你？"

　　"我的爸爸妈妈都可以在您这儿赊账，为什么我不能？"

　　"因为你的爸爸妈妈都有工作啊！"老帕克一针见血地道明。

　　"我也有工作！"你答道，"我在卖柠檬汁啊！"

　　"柠檬汁？味道如何？"他问道。

　　"绝对好喝，它可是方圆百里内最好喝的柠檬汁了！"

　　"是吗？你可不要让我破产啊！"帕克笑着说道。

　　"恰恰相反。"你迅速地应答，（令你惊奇的是，老帕克对于收费问题总是反应敏捷。）"我卖的柠檬汁越多，需要从您这儿购买的柠檬和白糖也就越多，再加上或许纸杯、纸巾都需要购买。也许将来我还要向您进点儿小甜饼卖，那可是当地最好吃的点心！"你竭尽全力开动脑筋，试图说服帕克。

　　帕克就住在你家附近，经常开车捎你上学。他认识你们全家已经很长时间了。

　　"好吧。看来你已经全都计划好了！"他说道，"说不定有一天你都能帮我打理生意了！"

　　"那您答应赊账给我了？"你急切地问道。

　　"我允许你有4美元的赊账，"帕克边说边递给你一张纸条让你签字。

　　你一回到家就急忙打开杂货袋。从财务角度看，什么东西在口袋里装着？存货。

什么存货？白糖。

价值多少？4美元。什么颜色？白色，刚刚检查过。

购买它们时用现金支付了吗？没有。这真是个了不起的创举！

我们欠账了吗？是的。

为了记录在杂货店的赊账款，我们需要建立什么？一个账户。

那我们应该还钱给谁？杂货店老板。

在商业上这类情况称做什么？应付账款。

因此，现在我们有了第二个种类的债务。我们曾经向银行借了一笔钱，现在，我们又在杂货店开了个账户，赊账购买东西。在下面的表中，反映出这项交易吧（见表3-6）。

表 3-6

资　产		负　债	
		应付账款	
		应付票据	
现金		负债合计	
		所有者权益	
		初始投资	
		留存收益	
存货		本周盈利	
		所有者权益合计	
总资产		总负债及所有者权益	

这两类负债该如何区别？

向银行借款而产生的应付票据说明了银行贷给了你什么？现金。

那么杂货店的应付账款说明了杂货店给了你什么？白糖或者说是存货。

所以，应付票据因收到他人的借款而产生，而应付账款因为赊账购买原材料等物品而产生，这笔欠款需要未来某天偿还。这样理解对吗？正确。换言之，我们因应付票据而获得现金，因应付账款而获得商品或服务。

应付票据和应付账款之间的另一个区别是时间上的要求不同。通常情况下，银行的贷款（应付票据）和杂货店的信用贷款（应付账款）有着不同的还款期限。换言之，一个还款期限长，一个还款期限短。

这两类债务的还款期限有什么具体差异？应付账款的还款期限较短，通常是30天。应付票据的还款期限较长，可能会长达几年。这就是应付账款被列在负债类首位的原因，负债项目的排列通常根据各类债务到期的期限长短来列示。

二者还有什么不同之处？小提示：所有银行在贷款时通常都会索要什么，而你在商店赊购东西若还款后就不会再另行被索要什么？

利息！

哪一类债务需要支付利息？应付票据。通常，应付账款不需要支付利息，除非你无法按时还款。

这两类债务都是建立在什么基础上？信用！瞧瞧，我们现在俨然已成为精明的企业家了！至少已经开始像爸爸妈妈和大多数商务人士及其他消费者一样，开始运用信用赊账了！成为大人的感觉真棒！

既然我们现在已有了商业信用，马上就可以赊账购入其他的原材料了。你以每个20美分的价格买入100个鲜柠檬。为了保持良好的信用，这次用现金支付了货款。

现在现金变成了什么？存货。

存货的价值是多少？20美元的鲜柠檬。

同样，我们做了什么？我们把20美元的现金换成了什么？20美元的存货。

事实上，我们将一种资产转换成了另一种资产吗？是的。

建立一张最新的报表，以反映这项交易（见表3-7）。

表 3-7

资 产		负 债	
		应付账款	
		应付票据	
现金		负债合计	
		所有者权益	
		初始投资	
		留存收益	
存货		本周盈利	
		所有者权益合计	
总资产		总负债及所有者权益	

这张报表平衡吗？是的。

你应该有69美元的资产、54美元的负债以及15美元的权益，右边的合计数为69美元。

干得真漂亮！你对记录这些交易已有足够的耐心了！但，相信我，下面的章节会使你更感兴趣。

到目前为止，我们随时更新着交易记录。休息的时间又到了，那么现在让我们来喝一扎自制的世上最美味的柠檬汁吧！

第 4 章

应付工资、应收账款、坏账、利息、待摊费用、权责发生制、收付实现制、创意会计显然你已经成为柠檬汁制作高手了，很快，你又做好了一扎。这扎柠檬汁用了50个鲜柠檬（每个20美分）、5磅白糖（每磅40美分），调配成了60杯鲜柠檬汁。那么这些产品的制造成本是多少？

回答这个问题前，让我们将另外一个因素考虑进去。到目前为止，你都是亲历亲为，自己动手制作柠檬汁，但今天早上，你打算花点时间和朋友一起骑自行车出去玩，可你仍希望一回来就能开张做生意。

因此，你向姐姐求助，问她是否愿意帮你制作柠檬汁。大多时候，你们都是好伙伴，但一看到那些在屋外等你的众多玩伴，她又变成那个讨厌的吝啬鬼了！

"我凭什么要帮你？"姐姐问道。

"行行好吧，"你求着姐姐，"就这一次，我发誓下次在你接电话时我绝对不会再打断你了。"

"那还差不多。"她答道，"但我可不白白替你干活。我已经听见硬币在雪茄盒里乱跳的声音了。如果要我帮忙制作柠檬汁，你必须付我工钱。"

哎，姐姐现在算是吃定你了。"年轻人，别着急，等着出人头地的那一天吧。"你自我安慰道，"到那时，看她会怎么求我！可是要等多久才能实现理想啊，现在我的朋友正在外面催着呢！"

"你赢了，"你无可奈何地说道，"想要多少钱？"

姐姐得意地笑了笑。她对胜利可从不谦虚。"做60杯柠檬汁我要求你付我1美元。"她说道。

对于姐姐的洋洋自得你极为愤怒，但必须强迫自己消消气。你决定付她这笔钱。毕竟，生意归生意嘛。"好吧。"你同意了。

你一付完钱便冲出了门外。你边骑上车边盘算着这桩生意是否划算。做60杯柠檬汁要花1美元的人工成本确实有点贵，这将会降低你的利润，但仅此一次还付得起，下不为例吧。

骑车兜风使你精神倍增，但很快你就为下午的营业而匆匆赶回来了。使你松口气的是，姐姐已经出色地完成了柠檬汁的制作任务。冰箱里放着60杯新鲜的柠檬汁！你暗自欢喜，也许当老板不是件坏事情呢！

让我们仔细检查一遍存货吧。现在已经有了两种类型的存货，我们称这些鲜柠檬和白糖为什么？原材料。

那柠檬汁又叫什么？产成品。

现在，当我们（或是姐姐）正在制作柠檬汁时，这类存货称为什么？在产品。对于制造企业来说，在产品在存货中占有很大的份额。

产品生产的工艺是从原材料到在产品再到产成品。

制作这样一扎柠檬汁我们并未将原材料全都消耗掉。因此，现在的存货里面既有原材料又有产成品。这些原材料可以出售吗？是的。

为了便于记账，所有的原材料都可供出售。

在招呼午后的顾客前，让我们先来做一张报表以反映刚才因制作柠檬汁而支付的人工成本（见表4-1）。

表 4-1

资　产		负　债	
		应付账款	
现金		应付票据	
		负债合计	
		所有者权益	
		初始投资	$5.00
存货　原材料		留存收益	$10.00
产成品		本周盈利	
		所有者权益合计	
总资产		总负债及所有者权益	

在账目上如何反映人工成本？它使现金减少了1美元。

可是这一问题有点棘手。许多人会说，将人工成本费用化，因为它使利润减少。

但在这里，却不能将之费用化——你应该知道这是为什么。这与你姐姐从事的工作有关——她的工作是专门负责制作柠檬汁。从字面上看，姐姐的工作增加了存货的价值——因此，事实上，你应该从现金中减去1美元并把它加到存货上。结果是，当前，现金为44美元，存货为25美元。值得关注的是，从现在开始，资产负债表中的存货将分为两类——原材料和产成品，其中原材料为12美元，产成品为13美元，存货总额为25美元。

现在，你将发现产品制作的人工费被"捆绑"在存货里面了。这1美元人工费将一直放在存货里，直到产品出售后才被计为费用。这也就是公司通常都会严控存货数量并且希望其尽快出售的原因之一。

现在，开始叫卖柠檬汁吧！

今天，天气炎热，你感到非常口渴，但这种感觉却很好，因为今天的生意会非常好。租用的场地真是物有所值，很快，你的获利就超过了它的租金。听说这里卖的柠檬汁味道不错，孩子们从四面八方涌来——他们几乎都是生面孔——专门赶来买你的柠檬汁！

朋友们经过柠檬汁摊时，禁不住已是垂涎三尺了，迫不及待地向你要柠檬汁喝，"快，快，给我们来杯柠檬汁！"

"白给吗？！"你反问道。

"忘带钱了，"他们解释说，"但一定会付账的，我们发誓。"

既然他们都是你的朋友，你就赊账卖给了他们几杯柠檬汁。

下午结束营业时，因为柠檬汁的热销，你的胳膊已经累得快断了。但当你计算一天的销售额时，觉得再辛苦也值了。

60杯柠檬汁，每杯售价50美分
40杯的现金收款，20杯的赊账

你的销售总额是多少？30美元。20美元的现金，10美元的应收款。让我们回顾一下今天发生的事情。

制作的柠檬汁全都卖掉了吗？是的。

卖了多少杯？60杯。

以商业角度看，你卖出的是什么？存货。

卖了多少钱？30美元。

什么到手了？现金。

有多少现金？20美元。

所以，我们卖了40杯柠檬汁获得了20美元的现金。还有什么事情发生了？

你的朋友们买了几杯柠檬汁，可他们却没付钱。因为他们的爸爸妈妈还没有将什么给他们？零花钱。但他们想即刻就买，打算什么时候付款？以后。心地善良的你，打算卖给他们吗，当然同时还可以增加销售？是的。有一点不得不承认，你在担心他们的信用！当然，只是一点点。你记录了你的销售额吗？是的。

当然，那些你给予信用赊账的都是你的朋友——但毕竟这是在做生意！你拿出笔记本，将他们的赊账记录下来……特德1杯，50美分；纳塔莉2杯，1美元……

你的朋友做了些什么？他们向谁赊了账？

没错，就是你。

那些口渴的孩子们喝到柠檬汁了吗？当然。

这算是一项销售吗？是的。

只是你没有获得什么？现金。

所以，你必须建立一个账户记录这件事。

这笔钱是即刻欠你的吗？是的。

你想尽快收到什么？那些绿色的东西——现金。

所以，如果你打算从你朋友那儿要回货款就需要建立一个账户，这个账户叫做什么？应收账款。应收账款是我们所拥有的东西吗？是的。

那意味着什么？一项资产。既然那是一笔即将得到的钱，是不是通常以现金来支付？是的。

你的朋友一再承诺归还这笔钱吗？是的，他们甚至做了个"小指宣誓⊖"！他们宣称自己的信用良好。（若你连朋友都不相信，还会相信谁？）但是，坦率地说，他们现在还了这笔钱吗？还没有，但他们会的!

他们说将在本周末得到爸爸妈妈给的"零花钱"，是这样的吗？但愿吧，在他们咕咚咕咚喝下柠檬汁之前是这样说的。

赊账给顾客是一个好主意吗？为什么生意中会允许赊销？曾听说过"先购物后付款"这样的广告吧，没错，这是为了获得更高的销售额。

让我们随着业务的发展，将报表更新（见表4-2）。

现在报表平衡了吗？没有。

那我们需要怎样做？

我们需要将本周的利润或盈利填上。

本周的销售总额是多少？30美元。

包括了20美元的现金和10美元的应收账款。

这些柠檬汁的销售成本是多少？13美元。

⊖ 小指宣誓——在一些地区被称为粉红色承诺，是两个人缠绕其小拇指，表明承诺已经做出。这是最常见的学龄儿童和亲密朋友之间的承诺，俗称"拉勾"。——译者注

表　4-2

资　产			负　债	
			应付账款	$4.00
现金			应付票据	$50.00
			负债合计	$54.00
			所有者权益	
应收账款			初始投资	$5.00
			留存收益	$10.00
存货	原材料		本周盈利	$0.00
	产成品		所有者权益合计	$15.00
总资产			总负债及所有者权益	$69.00

所以，销售额30美元，成本13美元，那我们的利润或是说盈利该是多少？**17美元。**

在下面的报表中记录下你的利润或盈利（见表4-3）。

表　4-3

资　产			负　债	
			应付账款	$4.00
现金		$64.00	应付票据	$50.00
			负债合计	$54.00
			所有者权益	
应收账款		$10.00	初始投资	$5.00
			留存收益	$10.00
存货	原材料 $12.00	$12.00	本周盈利	
	产成品 $0.00		所有者权益合计	$32.00
总资产		$86.00	总负债及所有者权益	

现在平衡了吗? 是的。

干得不错! 自我庆贺一下吧! 给你自己打上个满分5分! 放一张CD或打开你的MP3, 跟着音乐摇摆起来!

非常不幸的是, 生意如人生, 总是阴晴不定。这不, 你还没跳完一支舞曲, 电话铃就响起了。

一个朋友打电话告诉你, 你的另外一个朋友——约翰, 那个口渴得要命、一口气赊账买了你8杯柠檬汁的家伙居然开溜——搬家了。

接完电话, 你瘫倒在地, 捶胸顿足, 大哭起来。你断定那个搬家的坏朋友肯定不可能把钱还你了。鉴于这个清醒的认识, 你又得出结论, 这类欺骗的行为将会对你的生意和财务报表产生负面影响。那么这8杯柠檬汁是一个损失吗? 当然。 我们把这类损失称做什么? 坏账。这次坏账=4美元。

接下来, 我们该怎么做?

即使你已经恢复理智, 仍难以相信上当受骗的事实! 那个家伙可是保证付款的啊! 还做了"小指宣誓", 这可是孩子们之间信誉度最高的誓言啊! 你猜想他肯定经常玩这把戏。但现在他已经离开了小镇。幸亏有你, 他才不至于口渴难耐地离开这里。

我们应该确认这笔损失吗? 是的。 应收账款是10美元, 其中4美元是那个你曾经把他当做朋友信任的但其实最不讲诚信的玩伴的欠款。他很可能会在监狱或警察局里终老一生。

因此, 我们现在打算做什么? 你罗列出你的计划。

向新闻媒体曝光;

雇用一名杀手;

雇用一名律师;

告诉你的爸妈；

找你的哥哥或姐姐去揍他一顿；

诅咒他，让他短命；

给总统写信寻求国家军队的帮忙。

但是，要知道你现在可是个生意人啊。所以，对于一笔坏账，我们应该知道怎样处理。

减少应收账款？尽管难过，却不得不承认，是的。

减少了多少？整整4美元。

现在我们的报表平衡了吗？没有。

坏账是一项成本吗？是的。

生意经营中的一项成本又称做什么？一项费用。

费用通常减少什么？盈利。

所以，将盈利减少4美元以反映这笔坏账费用（见表4-4）。

表 4-4

资　产		负　债	
		应付账款	$4.00
现金	$64.00	应付票据	$50.00
		负债合计	$54.00
		所有者权益	
应收账款		初始投资	$5.00
		留存收益	$10.00
存货 原材料 $12.00 产成品 $0.00	$12.00	本周盈利	
		所有者权益合计	
总资产	———	总负债及所有者权益	———

现在，报表平衡了吗？是的。

在哪种财务报表中反映这笔坏账费用？没错，我们将在利润表中记录。记录多少美元的费用？4美元。

休息一会儿，喘口气。

鉴于上笔坏账的经历，你决定偿还银行25美元，以期待与银行建立良好的关系。你当然不希望银行把自己列为"坏账"客户，因此，你从雪茄盒子里取出25美元准备还款。

你骑车来到银行，找到上次贷款给你的那位信贷员，向他说道："这里是25美元，我的柠檬汁卖得不错，现在可以还你25美元了，非常感谢！"

当你将现金递给信贷员时，他显得挺高兴。但你发现，这还没结束。

"还有什么别的事吗？"你问道。

"利息呢？"对方答道。

"哦，我差点忘了。"你说道，"爸爸妈妈曾经告诉过我这事儿。我记得每次向他们还钱时，他们总会提出要我拥抱的要求，"你接着说道，"您也需要这样吗？这算是利息吗？"

银行家可不需要你的拥抱。他要的是真正的利息。

"利息？好吧，多少利息？"你问道。

"2美元。"银行家答道。

"2美元？爸妈借钱给我时只需要我的一个拥抱以示回报，而不再另行收费了，但您却要我支付利息？"

银行家缓慢地点点头，看上去态度非常坚定。

"好吧，"你叹声道，随即从口袋中取出2美元，"我付您利息。公事公办，理应如此。无论如何，非常感谢您对我生意的支持。"

现在，现金减少了多少？ 27美元。

报表的右边，我们从应付票据中拿走27美元，对吗？ 当然不对。

为什么？

因为借款的本金是25美元，2美元是什么？ 利息费用。

你需要从表中右栏的哪个项目中减少2美元作为利息费用？ 从本周盈利中减少2美元。

所以，2美元的利息是与谁交易而产生的？ 银行。

那么这笔费用的交易将减少什么？ 盈利。

在下面的报表中记录这次交易（见表4-5）。

表 4-5

资　产		负　债	
		应付账款	
现金		应付票据	
		负债合计	
		所有者权益	
应收账款		初始投资	
		留存收益	
存货　原材料		本周盈利	
产成品		所有者权益合计	
总资产		总负债及所有者权益	

所以，若要向银行借钱，必须付出一定代价。

本次交易将在你的利润表中如何列示？ 2美元利息费用。

利息费用会在利润表中显示，因为它不是贷款的本金，而是贷款的成本，应该反映在利润表中。

这非常重要，有必要再重复一遍，利息作为一项费用列示在利润表中。

现在你又遇到了另一个麻烦。你的邻居，那个把场地租给你的家伙开始担忧家门口整天聚集了太多的孩子以及他们的自行车、滑板、旱冰鞋，拥堵在自家的人行道和草地上。为安全起见，他们准备和你的爸爸妈妈商量买份保险。

爸爸妈妈认为买份保险的主意不错，答应开车带你去他们的保险经纪人那儿。

你进入"安全农场"保险办公室。经纪人热情地招呼着你，同时送你了一本立体台历。台历由各式各样的图片组成，有红色的谷仓、巍峨的山峦、秋日的森林以及可爱的小猫等。虽然你并不太欣赏这类的图片，但出于礼貌，你向经纪人表示了谢意。可私下里，你却暗自琢磨着，那可是小孩子玩的东西，还是将它送给朋友的妹妹当剪纸玩吧。

"孩子，我能为你做些什么？"经纪人问道。

"我想为我的柠檬汁售卖摊买份保险。"你回答道，"我想买一份保险期是今年整个夏天的保险，我能买期限仅为当年的保险吗？"

经纪人建议最好买一份保险期为3年的保险。事实上，他们这里只卖3年期的保险，并且需要预付3美元的保费。

"您的意思是，买这份为期3年的保险，我现在就要付您3美元是吗？"你问道，"但是我只需要买一份保期仅为今年的保险，天知道我明年是否还继续开我的柠檬汁摊。如果按照我这样的要求，需要付多少钱的保费？"

"3美元。"他答道。

"天哪，"你说，"这也太贵了，要为3年期的保险预付那么多保费。"

经纪人在保费上坚持不让步。

"好吧，"你不得不妥协了，"这里是3美元，有空时一定来我的柠檬汁摊捧场吧，我可把生意的一部分利润与您分享了。您也应该做点贡献，这样才公平！"

所以，你现在给了保险经纪人多少钱？3美元。

你得到了什么？一份保险。

这是一份专门为柠檬汁售卖摊设计的保险，而且不要忘了，还将附送一本诱人的立体台历！

这份保单的保险期是多久？3年。

现在，你得到了它，它有价值吗？当然有。

它现在属于你了是吗？这是你整个生意中的一部分。因此，你应该在哪反映它？资产负债表中。

在报表的哪个项目中？资产项目中。

购买保险使什么减少了？现金。

现金减少了多少？3美元。

我们得到了什么？保单。

我们预付了保费吗？是的。

预付了多少年？3年。

这样算来，每年要摊销多少钱？1美元。

那么这是一项费用，是你预先支付的。所以，我们应该称这个项目为什么？**待摊费用**，如何？！

现在我们的待摊费用是多少？3美元。

请在下面的报表中，记录这一交易事项（见表4-6）。

表 4-6

资 产		负 债	
		应付账款	$4.00
现金		应付票据	$25.00
		负债合计	$29.00
应收账款	$6.00	**所有者权益**	
存货 原材料 $12.00 产成品 $0.00	$12.00	初始投资	$5.00
		留存收益	$10.00
		本周盈利	$11.00
待摊费用		所有者权益合计	$26.00
总资产		总负债及所有者权益	$55.00

每当我们谈论费用时，总会说它减少了利润。那么将费用列示为一项资产意味着什么？其意义在于，当我们预付一笔费用时，它在未来的会计期间都具有价值。

这是一份专门针对柠檬汁摊设计的保险。我们买了这份保险一年后将会怎么样？没错，我们会将其全部消耗掉了。

那么我们如何在报表中反映这一事项？

第一年的保费是一项即期费用。

那我们又该如何做账？从中减去1美元。

因为今年的保费仅涵盖本年的保险，一年后就消耗掉了，所以要从待摊费用的3美元中减去本年的保费1美元。

现在报表平衡了吗？没有。

那我们现在需要在报表的右边做什么改动？从本周盈利中减去1美元。

在下面的报表中反映这一事项（见表4-7）。

表 4-7

资　产		负　债	
现金	$34.00	应付账款	$4.00
		应付票据	$25.00
应收账款	$6.00	负债合计	$29.00
		所有者权益	
存货 原材料 $12.00	$12.00	初始投资	$5.00
产成品 $0.00		留存收益	$10.00
待摊费用		本周盈利	
		所有者权益合计	$25.00
总资产		总负债及所有者权益	

我们为何要从盈利中拿走1美元？因为它是当期发生的费用。

我们花了3美元买了多少年的保险？3年。

那每年的保费是多少？每年1美元的保费。

如果我们回到保险经纪人办公室并向他说明我们的来意——我们决定结束柠檬汁售卖摊的生意了，他们将会退还多少保费？2美元，因此待摊费用具有价值，是一项资产。

保单现在值多少钱？没错，2美元。

它涵盖了哪些年的保险？第二年和第三年。

这两年我们现在用到它了吗？没有。

那我们何时摊销掉的1美元？就是现在。作为当期的费用。

下一年将会怎样？再摊销1美元。

再下一年呢？**接着摊销1美元。**

事实上，对于待摊费用的处理我们已经拥有一定的自由度了。我们在第一年会一次性将1美元的保费全部花完吗？**不会。**既然我们的营业期间以周为单位，我们应该每周摊销多少钱？**1/52美元，没错。**但我们不能时时刻刻都在摊销，否则会混淆不清，所以我们打算一次性摊销一年的费用，虽然在实际中你并非一次性消耗掉一年的保费，而是按月或是周来消耗。

因此，根据以上的说法，我们现在要开始运用一项会计专用的特殊方法了。

到目前为止，我们对所有发生的交易事项都进行了会计核算，不论是否支付或收到什么？**现金。**

因此，我们核算了所有发生的交易——或如专业会计所说的那样，按照交易事项的发生进行应计核算。

你知道此类的会计处理方法被称做什么？**权责发生制。**

我们将所发生的交易都进行会计核算，无论是否支付或收到了什么？**现金。这就是权责发生制。**

权责发生制起源于人们开始使用信用购物。商业信用产生了，购货款可以被允许以后支付。权责发生制能够更准确地对公司的财务状况进行核算，即使现金未被收到或支付。

让我们对这一会计核算方法做更深入的学习。

你的应收账款收到现金了吗？**没有。**

那你是否曾将柠檬汁赊账销售给你的朋友了？**是的。**

我们将之记录为销售收入了吗？**是的。**

在记为销售收入的时刻它是有价值的吗？**是的。**

通过赊销你赚钱了吗？是的。

你只是没有收到什么？现金。

所以，根据权责发生制，销售收入并不是在收到现金时才被确认，应该在何时被确认？能够获得收益时。

存货的情况又是如何？

我们得到白糖了吗？是的。

我们为此支付现金了吗？没有。

但我们确实购买了白糖是吗？是的，通过赊账购入的。

这项购买发生了吗？是的。

你欠杂货店店主帕克老爹的钱吗？是的。

我们记录了这项欠款了吗？是的。

所以，根据权责发生制，我们在采购发生时即刻确认，而不论是否支付了采购款。

让我们再来看看待摊费用的情况。

保费是多少？支付了3美元的现金。

我们今年将3年期的保费全用完了吗？没有。

今年的保费到底是多少或者说我们这一年消耗了多少保费？1美元。

没错，我们今年只用了1美元的保费。所以，在费用实际发生时或使用时才确认它。

因此，在权责发生制下，我们在何时确认那些发生的收入或费用？在利润产生的期间内。

或许是在赊账时，或许是在使用时。

所以，应该在交易事项实际发生或产生时，用应计制进行会计核算。

这样的会计核算方法被称做什么？权责发生制。

根据权责发生制，什么时候核算这些交易事项的收入和费用？当它们实际发生时，而不论你是否支付或收到了现金。

最后再强调一次，在权责发生制中，你何时核算这些交易事项？利润产生的期间，赊账期间或是使用期间。

非常棒！现在，给我们的记录拍张快照——此刻，一份动态的影片已经剪辑成功了。这是我们的柠檬汁售卖摊开张的第二个星期。

下面是你上章最后一张资产负债表的再现（见表4-8）。

表 4-8

资　产		负　债	
现金	$34.00	应付账款	$4.00
		应付票据	$25.00
		负债合计	$29.00
应收账款	$6.00	**所有者权益**	
存货　原材料 $12.00 产成品 $0.00	$12.00	初始投资	$5.00
		留存收益	$10.00
待摊费用	$2.00	本周盈利	$10.00
		所有者权益合计	$25.00
总资产	$54.00	总负债及所有者权益	$54.00

现在，我们用权责发生制来填制之前用到的利润表。但首先，你需要得到更多的信息。

以下便是你所需要的各种信息，如本周的采购额、销售额和费用。

1. 你的柠檬汁摊成功开张一周后，你决定去拜访一下银行。你向银行出示了你一周的财务报表，他们贷款给你50美元现金。

2. 你决定给自己半天的假期，于是将剩余的柠檬汁存货以2美元的成本价卖给你的朋友，这时，你获得了2美元的销售收入。

3. 当你的库存为0时，你以每磅40美分的价格赊账购进了10磅白糖，并因此欠杂货店4美元。

4. 你以每个20美分的价格购入鲜柠檬100个共计20美元。

5. 你制作了一批柠檬汁（即用50个鲜柠檬+5磅白糖=60杯柠檬汁）。同时，又支付了1美元用于制作这批柠檬汁的人工成本。整批柠檬汁的制作成本为13美元。

6. 销售情况不错。你卖完了全部的柠檬汁，其中40杯是现金收款，20杯赊销。你的销售收入为30美元，其中20美元的现金，10美元的应收账款。

7. 其中一位客户赊账购买了8杯柠檬汁，但不打招呼就离开了镇子。你断定他无法付款了，因此，导致了4美元的坏账损失。

8. 你归还了你的银行贷款，其中本金25美元，外加2美元的利息。

9. 你为3年期的保单支付了3美元的保费，今年应该摊销1美元保费。

根据以上9个事项，逐项地编制利润表，并关注以下三个内容：

这应该确认为销售收入吗？

这是一项采购吗？或是

一项费用？

你的判断将有助于利润表的完成。

其中一项，你需要在利润表中填列，但它无法从资产负债表中获得，也未出现在以上我们给你的9条信息中。你知道它是什么吗？期初存货。

那么现在的这张最近一期的资产负债表是哪一周的？没错，第二周。

这不是期初资产负债表，那么这是什么？期末资产负债表，非常好。

第二周的存货称做什么？**期末存货。**

让我们检查一下吧，因为这非常重要。

第二周的期末存货是多少？**12美元。**

因此，我们得知第三周的期初存货是多少？**就是12美元，因为上期的期末存货就是下期的期初存货。**

第二周的期初存货唾手可得吗？我们在哪里能得到它？**上一周的期末资产负债表中。**

以下是第一周的期末资产负债表，以供参考（见表4-9）。

第二周的期初存货为多少？**2美元。**

去哪找这2美元？**在上周的期末资产负债表的期末存货中。**

所以，你总是要在上周的期末资产负债表中找出本周的期初存货。

表4-9 第一周期末资产负债表

资　产		负　债	
		应付票据	$0.00
		负债合计	$0.00
现金	$13.00	**所有者权益**	
		初始投资	$5.00
		留存收益	$10.00
存货	$2.00	本周盈利	$0.00
		所有者权益合计	$15.00
总资产	$15.00	总负债及所有者权益	$15.00

再强调一次，期末的存货将自动成为什么？**下期的期初存货。**

好的，现在我们来得出第二周的利润表。你从哪里获得它的期末存货？**在第二周期末的资产负债表中。**

以下便是第二周的期末资产负债表（见表4-10）。

让我们快速浏览一下这张报表。

总资产等于多少？ 总资产=54美元。

负债+所有者权益等于多少？ 负债+所有者权益=54美元。

左右相等吗？ 是的。

左边永远等于什么？ 右边。

做得不错！

表4-10　第二周期末资产负债表

资　产		负　债	
现金	$34.00	应付账款	$4.00
		应付票据	$25.00
		负债合计	$29.00
应收账款	$6.00	**所有者权益**	
存货　原材料 $12.00　产成品 $0.00	$12.00	初始投资	$5.00
		留存收益	$10.00
待摊费用	$2.00	本周盈利	$10.00
		所有者权益合计	$25.00
总资产	$54.00	总负债及所有者权益	$54.00

现在，来完成利润表。还记得资产负债表和利润表中的哪个项目要匹配？ 净利润应该等于本周盈利。所以，我们应该知道利润表中的净利润是10美元，否则，你就做错了。

你的销售总额是多少？ 总销售额=32美元。

正好，你确实有了30美元的销售收入。那么，另外2美元现金从何而来？ 是的，就是你以成本价卖给朋友的2美元柠檬汁。

为了便于更好地理解权责发生制，我们现在将指出所有现金及非现金项目（见表4-11）。

表4-11 权责发生制下的利润表

利润表	起始时间：星期一上午 截止时间：星期天下午
销售收入	$ _____
期初存货	$ _____
+ 原料采购	_____
+ 人工成本	_____
可供出售的商品	$ _____
− 期末存货	_____
= 商品销售成本	_____
毛利 =	
费用	
• _____	_____
• _____	_____
• _____	_____
= 总费用	_____
净利润（毛利 − 费用）	$ _____

现在我们来复习一下：

首先，我们2美元的销售收入。它收到的是现金吗？是的。

其次，我们获得了30美元的销售收入。其中有多少是现金销售而获得的？20美元。

那么另外的10美元是怎么回事？赊销。

期初存货有多少？2美元。

它是现金吗？不是，是柠檬的价值。

采购成本是多少？24美元。

其中支付了多少现金？20美元。

那么其余的4美元是什么？应付账款。

人工成本是多少？1美元。

是用现金支付的吗？是的。

所以，期初存货+购入存货+人工成本是多少？27美元。

我们消耗了所有的存货吗？没有。

我们的期末存货是多少？12美元。

如果我们从所有可供销售的存货中减去期末存货，得到商品销售成本是多少？15美元。

15美元成本的存货我们卖了32美元，那么毛利是多少？17美元。

本周的费用包括什么？坏账、利息、保险费。

坏账是多少？4美元。

你为此支付了现金吗？没有。

利息是多少？2美元。

为此支付现金了吗？是的。

最终的保险费用是多少？仅为1美元。因为我们运用的是什么会计核算方法？权责发生制。

但是，我们支付现金了吗？是的。

所有费用总额是多少？7美元。

毛利是17美元，费用是7美元，税前利润是多少？10美元。

这与我们资产负债表中的本周盈利相同吗？是的。

如果你的利润表中的净利润是10美元，资产负债表中本周盈利也是10美元，那就给自己颁个奖章吧！

现在，你用计算机输出了一张填制完整的利润表，发现销售收入32美元旁有个美元符号，于是你想当然的就认为这32美元销售收入全都是什么？现金。

但确实如此吗？不是。

其中一些是什么？应收账款。

但我们都将之核算成了什么？销售收入。

这些全是现金销售吗？不是。

其中有现金销售也有赊销。所以，这是现金流和非现金流项目。

除非你检查自己的销售记录才能得知在这些销售中，多少为现金销售，多少为应收账款。否则，便无法获知32美元的销售收入中，哪些是现金，哪些是应收账款。

若仅从这32美元的销售收入数字中，你是不会知道其中多少是现金销售，多少是赊销。

现在，让我们来观察一下期初存货吧。它是现金吗？不是。

所以我们有2美元货值的鲜柠檬存货。

我们付现采购了一些存货，同时也赊购了一些存货，并为此支付了多少现金？20美元，以及多少应付款？4美元。

但当你看到24美元的采购成本时，你会不假思索地认为这些全都是用什么采购的？现金。

但事实上是这样的吗？不是。

接着，你付了1美元的人工成本。如果你看到15美元的商品销售成本，会知道哪些是现金支付的，哪些是赊账的吗？

别做梦了！我甚至连昨晚晚餐吃了什么都不记得了！

此外，15美元的商品销售成本只与什么相关？柠檬汁。

所以，15美元的销售成本由鲜柠檬、白糖的采购成本和制作柠檬汁的人工成本构成。

32美元的销售收入减去15美元的成本得到毛利为17美元。

现在，让我们来观察一下费用项目。

哪项费用我们没有支付现金？坏账。

所以，它不属于付现费用。哪些费用使用现金支付？利息和保费。

（顺便提醒一下，你在营业的第二周并未支付玻璃杯租金、场地租用费和广告宣传费。）

所以，当我们看到费用总额为7美元时，如果仅从财务报表中获知这一信息，便会不假思索地想当然认为你是用什么支付这些费用的？现金。

但确实如此吗？不是的。所以这7美元的费用是由付现费用和非付现费用组成的。

关键在于，为了更好地理解会计核算的权责发生制，这里的财务报表为"非现金流"利润表。因为利润表中的现金和非现金项目混合在一起，你知道它们哪些是付现的，哪些是非付现的吗？除非我们的记忆非凡或是把所发生的一切都记录下来。

你必须将之当做一张"非现金流报表"或是"不仅为现金流报表"。顺便说明，这并非会计行话，只是一个懒人便于理解权责发生制的记忆方法。

现在让我们浏览一下资产负债表，其中，资产类中的项目都是现金吗？不是。大多数资产都是什么？非现金项目譬如应收账款、存货、待摊费用。

我们的总资产是多少？**54美元，由现金和非现金项目组成。**

但是，我们靠直觉思维的大脑或许将全部的54美元资产看做什么？**现金。**

实际情况是这样的吗？**不全是。**

因此，在权责发生制下，我们都是在交易事项的实际发生时对它们进行会计核算，而不论是否收到或支付现金。既然报表中有现金项目和非现金项目，我们称之为什么？

"一个不仅为现金的方法。" 所以，在权责发生制的核算基础上，既有现金项目，也有非现金项目。

"他们正在运用创造性的会计方法"，你或许听说过这样的评论，也许，你会认为它是某些人的非法编造，但他们确实是合乎情理的"创造性会计方法"，就此，现在我们来做进一步的讨论！

权责发生制不是唯一的核算盈利的方法，你能猜到另一种方法吗？**是收付实现制。**

那让我们假设采用收付实现制法核算第二周的盈利，我们看问题的角度就会大相径庭。我们需要将两者做一个详细的比较。

一些人或许需要通过实物来记忆事物。如果你也如此，请伸出一个手指头，然后用绿线系上（绿色代表现金）以便加深印象。重复下面的句子：

现金，现金，还是现金！

现在，伸出你的另一个手指头，系上绿线，并且反复吟诵：

现金，现金，还是现金！

因此，在收付实现制下，你仅在交易事项发生时或涉及什么时才做会计核算？现金。

所以，在收付实现制核算方法下，交易事项以现金结算时才被记录。但需要明确的是，根据权责发生制，只要交易事项涉及盈利、赊欠及耗用，发生时就被记录，无论是否收到或支付现金。

根据收付实现制，你因收到或支付什么而进行会计核算？现金。

显而易见，收付实现制与无论是否收到或支付现金都进行核算的权责发生制有很大区别。你或许能想到运用它们会带来不同的核算结果。

那么，我们日常进行会计核算通常使用哪种方法？权责发生制。

但现在，我们仅通过运用收付实现制编制一张利润表以显示这两种会计核算方法的区别（见表4-12）。完成这张报表后，你可以参考表4-11中运用权责发生制编制的同样期间的利润表。

表 4-12

让我们从销售收入开始比较。在收付实现制下，销售总额是多少？

22美元。

为何是22美元而非权责发生制下的32美元？应收账款没核算入内。

接着，期初存货是现金吗？不是。所以该数字为0。

我们用了多少现金采购原材料？20美元。

用现金支付的人工成本是多少？1美元。

那么在收付实现制下，商品销售成本是多少？没错，是21美元。

因此，我们用现金支付的就是商品的销售成本。

这意味着我们哪个项目没有核算？白糖。为什么？因为我们是通过赊购获得它的。

它未被核算入内因为是赊购而来，我们没有支付什么？现金。

所以，如果销售收入是22美元，相应的销售成本为21美元，我们的毛利是多少？1美元。哎，如此辛苦的劳作，只换来区区的1美元！想想那些获得父母的资助去夏令营玩的孩子真幸福啊！

再来观察费用项目：

坏账要核算吗？不需要。

因为它没有涉及什么？现金。

利息是否要核算？要核算，因为你为此支付了2美元的现金。

保费呢？也要核算。但是应该算做1美元还是3美元？

你为保费支付了多少现金？3美元。

没错，是这么多。但你今年将这3美元保费全都消耗了吗？没有，而你却在今年为此支付了多少？3美元的现金。

你花3美元的保费购买的是3年期的保险，可是，却用现金预付了全部。因此，我们现在支付的3美元保险费都将列为本年的费用。

总费用是5美元，如果毛利是1美元，费用是5美元，净利润是多少？ −4美元。啊？！可没有比这更糟的了！

让我们来比较一下这两份利润表。

我们运用两种方法编制它们。得出了不同的结果吗？是的。权责发生制下是10美元的盈利而收付实现制下是4美元的亏损。

所以，你现在该知道，不同的核算方法会导致不同的经营结果。你想运用哪种方法来核算？权责发生制。

为什么？因为若把它带给银行家或投资人看，它的结果看起来更好点，其结果有着更多的利润。

还有什么其他的原因需要使用权责发生制吗？因为在交易事项发生时便记录会更准确地反映交易的发生。

为什么会使用收付实现制？仅仅是税务上的目的。

你亏损了4美元，还需缴税吗？不需要了，也许还可以抵减未来应缴的税款！

你能使用收付实现制来核算我们的柠檬汁摊的生意吗？问得好！

有些行业能够使用收付实现制进行核算，有些则不行。资产负债表中的一个项目决定了你是否能够运用收付实现制来核算。

它是什么？存货。

对于那些拥有存货的公司来说必须使用何种会计方法？权责发生制。

柠檬汁摊有存货吗？是的。因此，我们应该使用哪种方法？权责发生制。

让我们来看看为何一家公司若有存货就必须禁止使用收付实现制。

每年年末，当我们预测年终会盈利且要支付所得税款时，会想方设法合理地避税，于是我们会用现金购买大量存货，以加大销售成本，减少利润，达到少纳甚至不纳税的目的。

你认为政府希望企业那样做吗？既然我们拥有一个卖产品的公司，

政府会允许我们用收付实现制来核算吗？当然不可能。

什么样的公司可以使用收付实现制进行核算？服务行业，如诊所、律师行、会计师事务所、培训公司、咨询公司、房地产中介公司以及保洁公司等。

其决定因素是什么？存货。

所以，这意味着根据美国国税局（IRS）的规定，我们这个柠檬汁摊不能使用收付实现制来核算吗？是的，因为这是法律规定。

那我们必须使用哪种方法来核算？权责发生制。

如果你从事的是服务类行业，美国国税局将允许你使用哪种方法核算？收付实现制。

对于那些拥有存货并进行销售的制造业、零售业及批发业必须使用哪种方法来核算？权责发生制。

现在，让我们来做个讨论，假设我们运用收付实现制进行核算，第二年将会是什么样的情况？在收付实现制下，我们将3美元的保险费全部计入今年的费用。

那明年我们还能摊销任何保险费吗？显然不能。所以，接下来你会发现什么？我们的利润提高了。

因此，对于那些采用收付实现制的服务类行业，他们因现时计入大量费用，可以少缴纳什么？没错，是所得税。

那什么时候需要多缴税？第二年。

他们并不能逃避纳税的义务，而是什么？延期纳税。

你曾听过这样一句话吗，"延期缴税就意味着税收的减少。"原因是你打算今年延期缴税，而当你日后必须缴纳的时候，你用什么支付税款？更便宜的美元或是说贬值了的货币。谁打算用因延期付税款而节省的货币支付？就是你！

当然，这里我们是在做游戏，如果你是一个真正的生产商，你会那样做吗？不会。

哪种方法最能够准确地反映企业真实的财务状况和盈利能力？权责发生制。

我们现在的柠檬汁摊采用的是什么方法？权责发生制。

一家服务业公司能够设置两套账目吗？

猜猜怎么回事儿？对于服务类行业，我们可以将采用收付实现制核算的财务报告递交给政府，将采用权责发生制核算的财务报告递交给银行或投资人。听起来这其中设置了两套账，似乎有什么猫腻。我们可以设置两套账吗？是的，这被称为"创意会计"！

猜猜今年年末会发生什么情况？我们将账簿交给我们的会计，会计将用它来做什么？他会将之转换为采用收付实现制核算的账簿及报表，这套报表打算提交给谁？美国国税局。

很多公司为了达到避税的目的，在日常核算中采用权责发生制，而向政府递交财务报告时采用收付实现制。

你能在两种方法之间随意转换吗？是不是感到很有创造性？政府总会允许一家企业从收付实现制转向权责发生制（因为这样他们可能获得更多的税收），但你却不能用另一种方式随意转换回来。所以，如果你经营的是一家服务业的公司并打算采用收付实现制，你就必须在第一年就采用这种核算方法。

对于那些拥有少量存货的服务业公司应该采用何种方法进行会计核算？譬如可以售卖图书的培训类公司。

这里就涉及一个所谓的导致企业业主和美国国税局有所争议的"灰色地带"了。税务部门会问，"这些书籍资料对于利润有所贡献吗？"若得到肯定回答，你就必须使用权责发生制核算。否则，你便可以使用收付实现制核算。分歧在于因售卖书籍资料而产生的利润在总利润中占有的比例有多大，大多数公司都会就此问题咨询注册会计师（CPA），但这类情况并不时常发生。

在本章结束前，让我们做个复习。

在权责发生制下，你何时核算交易事项？在交易发生时。

当取得收益时，相应的什么也随着发生？负债义务。

还或是什么时候？资产被耗用时。

而无论你是否收到或支付了什么交易都会被确认？现金。

在收付实现制下，一切确认都是基于现金的流入流出。

你仅仅在一项交易的发生涉及现金的收入和支付时进行核算。

好了，你已经做得很棒了，休息一下然后进入下一章的学习吧！

第5章

服务业

你的柠檬汁摊生意才经营了两周，声誉便渐渐远扬。

当地报纸用了第5版整版来报道你的创业史。上面刊登了你站在自己的柠檬汁售卖摊前的照片，照片中的你无比自豪，似乎要将这份自豪化作一杯柠檬汁！他们采访了你的父母，爸爸妈妈说这完全是你自己的主意，他们为你感到非常自豪。其中还有帕克老爹的专访，他希望有更多的孩子像你一样。文章中还有一些孩子们对你的柠檬汁的评价，他们说这是迄今喝到的最美味的果汁——而且说这些话的孩子并非你的那些朋友们！

你试图使自己不要因为听到以上的评价而骄傲自满。毕竟，这没什么大不了，你不是救世主，还有许多更重要的事去做。可是，还是有许多附近的孩子慕名而来咨询你关于开柠檬汁摊的事儿。"我应该告诉他们吗？"你自言自语。你必须考虑自己的生意不受影响。这些孩子正在让你帮他们成为自己潜在的竞争对手！你下决心不去帮助那些想在自己附近开柠檬汁摊的孩子。

你不停地挂断那些向你寻求开店帮助的孩子的电话。需求是那么多——如今的自己非常抢手，可不能放弃成为天才的机会啊——你意识到倘若这类情况继续下去，你就必须拓展一项新业务了。但你就一个人，如何能够同时既卖柠檬汁又做咨询业务？你真的想扩张吗？你想成为一名顾问吗？

思虑再三，你觉得有必要亲自去咨询一下他人，因此，你打电话给简——你最喜欢的阿姨。简阿姨有一家经营多年的咨询公司。"自己一人如何同时开展两项业务？"这是你打算咨询简阿姨的第一个问题。她建议你雇用一些员工，让他们打理你的柠檬汁生意，你也可以培训他们成为咨询顾问。你的第二个问题是："应该将柠檬汁生意的业务与咨询业务合并在一起记账并编制财务报表，还是设置各自独立的账目？"

简阿姨告诉你说二者都可以，但她提醒你咨询业务与售卖柠檬汁可不同，它属于服务业。你马上就想起上一章我们所学到的知识——服务业没有存货，美国国税局允许服务业采用收付实现制核算，因此可以获得税收优势。你权衡利弊觉得重新开设一家咨询公司更好，于是，你决定开展你的第二项业务——柠檬汁咨询公司。

接下来，你问简阿姨该如何收取咨询费。她从"可计费小时"开始给你讲述，"什么？"你非常困惑。她的意思是服务业关键在于如何管理和充分利用时间。对于柠檬汁的生意你必须经营管理好原材料、柠檬汁及时间，但对于一名咨询业的从业者，其唯一的存货就是他自己的时间。简阿姨说这就意味着除非你所做的能够让客户自愿付钱，否则你就无法赚钱；并且你必须提出你的每小时或每天的收费标准。

你问简阿姨就服务行业而言，其资产负债表和利润表是不是与其他行业有所不同？她向你要了柠檬汁摊的资产负债表。她对于你良好的组织能力尤其是富有创意地理解资产负债表项目印象深刻。她问你资产负债表中的哪个项目在柠檬汁摊出现而在服务类公司的相应报表上不会出现。"存货。"你回答她（你总是喜欢简单的问题）。这是取决于采用权责发生制核算的唯一区别。

简阿姨说对于利润表又是另外的一种情况了。她说既然没有期末存货对于成本的减计因素，服务行业的公司仅有营业收入和费用。这使得编制利润表非常容易。听了她的一席话，你禁不住兴奋起来。

"简阿姨，"你问，"为了日常的经营，一家服务业公司是否会将其管理费用从直接费用中划分出来？"

她听了你的问题，觉得问得非常好，难以想象小小年纪的你能够想到这样的问题，她甚至承诺将来在公司为你留一个职位。

简阿姨回答说，事实上，大多数服务业的公司将成本划分为两类——

服务成本和费用。服务成本是与提供服务直接相关的支出。费用是经营公司的日常所有开支，如同我们的柠檬汁摊一样。

正如我们以前做过的一样，一家服务业公司的利润表将由以下几个项目构成：

营业收入
－服务成本
＝毛利
－费用
＝净利润

本书的大多数读者或在服务行业工作或在拥有服务部门的制造业大公司工作。本章的目的在于更好地帮助你们了解服务行业公司的特点及会计核算方法，并且给你提供练习，哪些项目应该计入服务成本（一些人称之为销售成本），哪些应该计入费用。我们将在下一章再回到柠檬汁售卖摊的生意上。请不要将我们就本章关于服务行业的概括与你的柠檬汁生意混淆了。本章的数字将不会影响之前我们所做的报表。二者有着本质的区别。

既然两类公司的资产负债表都相同（区别仅在于存货项目），我们本章的重点就不放在资产负债表上了。

现在，让我们假设时光飞逝到几个月后。你确实雇用了一些朋友，他们学会了经营公司的核心竞争力，很快就协助你打理柠檬汁的生意了。

由于当地报纸的那篇报道及各方的称赞，新的咨询生意开展得不错，两个雇员的工作都非常繁忙。鉴于这种形势的鼓舞，你停止了有关于此的分类广告。你的弟弟迈克也想参与到你的业务中，因此，你向他承诺，只要他成功地签下一单合同，就支付1美元的佣金给他。

现在，让我们开始咨询工作吧！

因为柠檬汁的热销，迈克将有关于此的新闻报道寄给了你父亲同母异父的姐姐——休及她的丈夫——埃里克。休和埃里克有两个孩子，你的表妹——阿曼达和劳拉。她们也想像你一样，开一家柠檬汁摊。休阿姨认为这简直是无稽之谈，因为每当劳拉想模仿她姐姐时，阿曼达总是抱怨不止。但休阿姨还是想帮帮自己的孩子，当然还包括你。你有点儿想不明白其中的原因，也许在这个过程中，所有参与的人都能学到丰富的知识！

你"出售"给休阿姨3天的咨询服务，两个咨询师每人每天收费8美元，其中包含了他们工作期间的差旅费。休阿姨一家居住在距离城镇30英里的地方，两位咨询师需要在那里住两个晚上。幸运的是，你的雇员的父母自告奋勇陪同前往，并愿意自掏腰包支付住宿费。

出差的交通费（汽油）总共是6美元，你付给两位咨询师每人每天2美元的报酬。

你弟弟——迈克，同意承担有关合同的管理及其他行政工作，为此，你每周要支付他2美元的工资。你同时也要支付给他1美元因签下休阿姨咨询服务合同的佣金。

新闻报道给你的生意带来了巨大反响，你决心下一期继续做广告。刊登一则广告的支出是4美元。

你的两位咨询师从周一至周三向客户（你的表妹们）提供了3天的咨询服务。为了防止你的表妹们"图谋"跟随他们一起回来"夺取"你的柠檬汁调制秘方，他们随身带了价值2美元的鲜柠檬和1美元的白糖，并向你的表妹们演示了制作柠檬汁的过程。（麦当劳都能够特许经营，为何你不能？！）

周四，咨询师们回来了，用了一整天的时间为你的"美味柠檬汁咨询公司"开发一项新的咨询产品。（这是一个具有代表性的专门为害羞孩子们开设的课程，名为："丢弃怯懦，大胆推销。"）你给没出外勤的咨询师每人每天支付1.5美元的工资。

周五，他们通常在办公室（你的地下娱乐室）做些行政管理等方面的事务性工作。

现在，该是做练习的时候了。通过上面的交易事项，完成以下"美味柠檬汁咨询公司"的利润表（见表5-1）。你的主要任务是判断哪些项目应该归为服务成本，哪些归为费用。

记住，服务成本与提供的服务直接相关，而费用不与提供服务直接相关，而是公司运营的其他所有开支。

表 5-1

现在，让我们看看你完成得怎么样。

客户（休阿姨和埃里克叔叔）购买了每天8美元共3天的咨询服务。

你派了两位咨询师前往做咨询服务。所以，收入总额是多少？48美元。

对于咨询服务，你投入了什么？你不得不支付咨询师每人每天2美元的报酬，两个咨询师共3天=12美元。你还必须支付他们的交通费（6美元），还有他们带走了价值3美元的产品以便为客户演示并且将之留在客户那儿。

所以，你的服务成本是多少？21美元。

根据我们给出的公式，营业收入减去服务成本得到毛利（盈利）是多少？27美元。

那么，什么项目归属为费用？记住，费用与所提供的咨询服务不直接相关。

你支付给迈克1美元的佣金，在报纸上登广告花了4美元。

迈克还因承担了合同的管理及其他办公工作获得了2美元的报酬。接着，周五，你的咨询师在办公室干了些管理的工作，你支付给他们每人1.5美元的工资。（他们宣称自己整个周五都忙于案头工作，但你还是怀疑可能他们大部分时间都在电脑上玩纸牌游戏。）

还有一项费用。你的"丢弃怯懦，大胆推销"咨询产品的研发费是多少？3美元。

所以，总费用是多少？13美元。

到现在，我们快要完成利润表了。最后一件事，将费用从毛利中减去得到净利润为多少？14美元。

现在，你也许会思考一些事情。其中一件就是我们对于销售佣金的处理。一些人觉得销售佣金应该计入服务成本，因为他们争辩说它与销售直接相关。但这确实是一项与提供服务相关的支出吗？其实并非如此。因此，许多公司都将销售佣金归属为一项费用。根据会计准则和美国国税局的相关要求，将之归属为服务成本或是费用均可。

如果差旅费属于借支，日后需要偿还，那么这属于与收入非相关项目，需要记录在一个独立的账户里。

为何你雇用的咨询师的工资支出会归属于不同的范畴？因为咨询师的工资仅当其从事咨询项目时才计为服务成本。他们从事咨询工作、管理性的工作及研发工作时的时间分配让我们认识到如何更有效率地利用他们的时间。（而这些是咨询类公司的唯一收入来源。）并非所有的服务业公司都开展研发工作，但对于那些有此类工作的公司，将之与咨询服务项目区分，会使你更清楚地知道有多少资本投入了新项目（产品）中。这有助于新项目（产品）的定价。

让我们再次复习一下你的利润表吧。有没有使你担忧的事情？潜在的问题是什么？你将如何提高公司的盈利能力？

记住我们此前说过的，时间对于咨询公司至关重要。你也许会对让咨询师们从事行政事务性工作方面的明智性有所质疑。他们就此获得的报酬可比迈克要高多了。许多咨询公司就是因为让旗下咨询师们过多地从事了与"可计费小时"非直接相关的其他工作而陷入了财务困境。

经过以上粗略的梳理，还有什么项目未包含进去？一些费用项目，是其一。利息费用、其他费用，税费在计算税后利润前必须减去。

你也许不知道"其他费用"指的是什么。它们是一些诸如固定资产出售损益等费用（在本例中，我们还未涉及。）

目前为止，关于服务行业及其会计核算特点的讨论似乎已经让我们精疲力竭了。但是曙光在前，若是日后你从事的是咨询行业，当你初涉工作的时候就知道其中许多行业特点了！以下是我们刚刚完成的利润表（见表5-2），使用的是服务业公司通常的利润表项目和格式。

表 5-2

服务行业的利润表		
营业收入		$48.00
服务成本（营业成本）		$21.00
毛利		$27.00
费用		
营业及市场费用	$5.00	
管理费用	$5.00	
研发费	$3.00	
费用总额		$13.00
净利润		$14.00

你很喜欢自己的这个第二职业。也许有一天你会卖掉自己的柠檬汁摊，专注于成为一名全职的咨询师。可是眼下，你对于制作并出售产品乐在其中。所以，让我们暂时离开咨询业务的世界回到美味的、更广阔的柠檬汁世界吧！

毕竟，第三周将要开始了！

第 *6* 章

先进先出法、
后进先出法

我们的柠檬汁生意即将进入第三周。现在，稍作停顿，回顾一下所学的会计知识。拥有过去几周学到的丰富知识，即将到来的一周感觉肯定会更不错。或许，明年夏天我们将雇用别人来打理柠檬汁售卖摊的生意，自我晋升为财务天才并成为那种顶级咨询师中的一员。

当然，对光明未来的憧憬无疑也是生意的一部分。但今天是星期一，还是让我们回到现实中吧。今年夏季，我们仍旧要经营柠檬汁售卖摊。

你正在边看报纸边吃着早餐。天气预报说本周将是一个充满阳光并且天气炎热的一周。好极了！说实在的，你并不需要看报纸就知道外面的天空依然阳光明媚，碧空如洗。你似乎都能感觉到温暖的气息迎面扑来，鸟儿响亮的鸣叫不绝于耳，美丽的鲜花四处盛开，草木郁郁葱葱，这是多么美好的世界啊！

是的，一想到这又将是生意兴隆的一周，你就禁不住热血沸腾了。但是，在开始之前，我们需要做什么？

滚存利润！将上周的盈利放入留存收益里（见表6-1）。

请现在就行动吧。

表6-1 第三周期初资产负债表

资产		负债	
		应付账款	$4.00
现金	$34.00	应付票据	$25.00
		负债合计	$29.00
应收账款	$6.00	**所有者权益**	
存货 原材料 $12.00 产成品	$12.00	初始投资	$5.00
		留存收益	
待摊费用	$2.00	本周盈利	
		所有者权益合计	
总资产	$54.00	总负债及所有者权益	$54.00

这是新一周的第一天，该是补充一些原材料的时候了。即使上周还剩下50个鲜柠檬和5磅白糖，你预测这周的销售肯定好于上周，因而需要更多的原材料。你从车库取出自行车，骑上它，向着帕克老爹的杂货店飞驰而去（你当然没有忘记注意时刻躲避身边来往的车辆）。在烈日炎炎下，你仿佛被烤干了，但却觉得自己还不失为一名经验丰富的精干企业家。毕竟，过去的几周你都在努力地经营着柠檬汁售卖摊。作为奖励，你打算顺便给自己买一瓶果汁、几块油炸圈饼和一支棒棒糖。

但是，当你到了杂货店门口时却大吃一惊。鲜柠檬的价格翻了一倍，达到了每个40美分！而你却没有带上足够的钱。

这真令人气愤！应该打电话给总统告诉他这一事件，或者至少也要打电话给鲜柠檬的原产地——佛罗里达和加州州政府。究竟是怎么回事，难道有人想让你做不成柠檬汁的生意？

没有鲜柠檬，根本无法做出柠檬汁。你需要再买50个鲜柠檬，但却没有足够的现金去支付。你向帕克老爹抱怨着，他对此也非常不满，"事实上，我的进货价也提高了不少。一场突如其来的暴风雨毁坏了很多柠檬树。"帕克解释道，"没有人能从灾难中赚到钱。"

他的解释给了你稍许安慰。"我们所有依靠柠檬做生意的人应该团结起来，在遇到困难时同舟共济，共同面对。"你向善良的帕克建议。

他点头称赞，"听着，孩子，我将非常乐意赊账卖给你这些鲜柠檬。那我在你的账上再记上20美元的欠款如何？"

"太感谢您了！"你说，"帕克老爹，你真是世上最好的人了，当然除了我的爸爸妈妈，哦，还有我叔叔和外公。"

你骑上车踏上回家的路途，因为帕克老爹的好心而感到无比温暖，为那些因灾害失去柠檬树的果农们感到非常遗憾，但最使你感到难过的是柠檬汁的制作成本要翻倍了。

你到家后，立即编制了一张新的资产负债表。

你自言自语道，"什么到手了？""存货。"

多少钱的存货？20美元。

为此支付现金了吗？没有，是赊账购入的。

在下面的报表中，反映这一事项（见表6-2）。

表 6-2

资 产			负 债	
			应付账款	
现金		$34.00	应付票据	$25.00
			负债合计	
应收账款		$6.00	所有者权益	
存货	原材料		初始投资	$5.00
	产成品		留存收益	$20.00
待摊费用		$2.00	本周盈利	
			所有者权益合计	$25.00
总资产			总负债及所有者权益	

该报表左右平衡了吗？没有。

为了使报表左右相等，我们需要做些什么？增加应付账款。

增加多少应付账款？20美元。

那么，现在，报表平衡了吗？是的。

但是，事情还没完。请查看报表中的存货项目。我们需要找到一种方法，将每个20美分的50个鲜柠檬和每个40美分的另外50个鲜柠檬区分开来。

那么，让我们再一次仔细观察存货。对于存货中的鲜柠檬，我们是以两种不同的价格购入的吗？是的。

现在，我们有100个鲜柠檬，其中50个每个花了20美分，另外50个每个花了40美分。对于同样的存货却以不同的价格购入，这类情况在日常经营中会出现吗？是的。原材料的价格总会在不知不觉中发生变化。这就意味着你可能会以不同的价格购入同一种存货。

对此，你开始思考：不久之后，要用50个柠檬调配另外一批柠檬汁。那么，这批柠檬汁的成本是多少？这些柠檬可能有一些是花20美分购入的，而另一些是花40美分购入的。总之，你并不知道它们哪个价格是20美分，哪个价格是40美分。

很难区分，不是吗？那么，如何对存货计价，是我们将要学习的内容。

一些远见卓识的企业家曾经意识到这个问题并提出了一个供那些所有拥有存货的公司仿效的解决方法。

让我们先来学习这样一种存货计价方法，即假定第一个购入的柠檬也是第一个被使用的柠檬。

先进来，先出去，即**先进先出法**（FIFO）。这意味着什么？

简而言之，这意味着第一个进入存货的柠檬将第一个被消耗掉，或被卖出去。

现在我们运用另一种方法来更好地理解先进先出法。

假设当你购买柠檬时，将它们往一根管子里装。因此，哪个柠檬

最先进入管子？20美分的那个。最后装入的是哪个？40美分的那个。

好样的，那么用它们来调制另外一批柠檬汁——还记得我们的配方吗？5磅白糖+50个柠檬=60杯柠檬汁。（根据你的资料，1磅白糖花费40美分。）因为是你亲自调配的果汁，所以没有人工成本。

使用先进先出法计算的产品成本是多少？

$_____

因此，在这种计价方法下，柠檬汁的成本是多少？12美元。

你取出"最先购入"的10美元鲜柠檬（每个20美分，共50个，10美元），加上成本为2美元的5磅白糖（每磅40美分，共2美元），将他们在玻璃罐子里搅匀——因为，卖柠檬汁的时间到了！

但首先还需就以上事项编制刚刚那张新的资产负债表（见表6-3）。

表 6-3

资 产		负 债	
现金	$34.00	应付账款	$24.00
		应付票据	$25.00
应收账款	$6.00	负债合计	$49.00
		所有者权益	
存货 原材料		初始投资	$5.00
产成品		留存收益	$20.00
待摊费用	$2.00	本周盈利	$0.00
		所有者权益合计	$25.00
总资产		总负债及所有者权益	$74.00

对于如此重要的会计概念及其实际运用，或许你会觉得有点压力。但是，你做得非常好！使你感到更愉快的是，今天柠檬汁的销售肯定不错！

天气炎热，人们排着长队购买柠檬汁。关于你的美味柠檬汁的称赞一传十，十传百，除了那些固定的老顾客外，又多了许多新顾客。

"嗨，小家伙！"一个身穿职业套装的成年人对你说，"我愿出价100美元购买你的调制秘方。"

"我才不卖呢！"你回答，"如果可口可乐公司多年前将它的秘方卖掉，还能有今天的规模和成就吗？！很遗憾，100美元不足以让我出售它。"

整整一周的生意都非常不错！你以每杯50美分的价格售出了所有调制的柠檬汁。现金销售50杯，另外10杯赊销。总销售额=30美元，其中包括25美元的现金和5美元的应收账款。

在下面的报表中，反映出这些天的交易吧（见表6-4）。

表　6-4

资　产		负　债	
		应付账款	$24.00
现金		应付票据	$25.00
		负债合计	$49.00
应收账款		**所有者权益**	
存货　原材料 $20.00		初始投资	$5.00
产成品		留存收益	$20.00
		本周盈利	
待摊费用		所有者权益合计	
总资产		总负债及所有者权益	

让我们浏览一下你刚刚完成的报表。

首先，什么从经营中流走？存货。

流走了价值多少的存货？12美元。

什么到手了？现金。

所以，销售产生了现金。产生了多少现金？25美元。

那么还到手了什么？应收账款5美元。

报表现在平衡了吗？没有。资产是92美元，但右边却是74美元。

刚才我们赚了更多的利润，是吗？

销售额是多少？30美元。

销售成本是多少？12美元。

那么本周盈利是多少？18美元。把它加到报表的右边，使报表左右平衡。

让我们将以上内容再次梳理一遍。

根据先进先出法，我们使用的柠檬是哪批购入的？第一批。

我们的销售成本是多少？12美元——10美元的柠檬和2美元的白糖。

那么在本报表中剩下的存货是哪些？最后购入的那批柠檬。

所以，我们使用的是每个20美分的柠檬而将每个40美分的柠檬留下了。

现在，到了本周的周末了。

我们需要来学习存货计价的不同方法。既然我们的目的是区分存货，那就避免在本周产生任何费用。通常情况下，在商业经营中，每周都会产生费用，是吗？是的。

可是现在，我们只想学习存货计价的不同方法。

为了这个目的，让我们来阅读本周末的资产负债表和利润表。

下面是你编制完成的最近一期的资产负债表（见表6-5），若方便就填好它。

表6-5　权责发生制和先进先出法下的资产负债表

资　产		负　债	
现金	$59.00	应付账款	$24.00
		应付票据	$25.00
应收账款	$11.00	负债合计	$49.00
		所有者权益	
存货　原材料 $20.00 / 产成品 $0.00	$20.00	初始投资	$5.00
		留存收益	$20.00
待摊费用	$2.00	本周盈利	$18.00
		所有者权益合计	$43.00
总资产	$92.00	总负债及所有者权益	$92.00

左右相等吗？当然。

既然现在已是周末，那么，这是张期末资产负债表。

填制下面的利润表（见表6-6）。

表6-6　先进先出法下的利润表

利润表	起始时间：星期一上午　截止时间：星期天下午	
销售收入		$
期初存货	$	
+原料采购		
+人工成本		
可供出售的商品	$	
−期末存货		
=商品销售成本		
毛利=		
总费用		
净利润		$

销售收入是多少？30美元。

期初存货为多少？12美元。

购入多少存货？20美元。

期末存货为多少？20美元。

可供销售的存货是多少？32美元。

所以，我们得出商品销售成本是多少？12美元。

因此，我们的毛利是多少？18美元。

记住，我们本周不打算显示任何费用，因此，费用为零。这意味着本周的净利润是多少？18美元。

利润表中的净利润与资产负债表中的本周盈利项目相等吗？当然。若你完成的报表中二者均为18美元，揉揉酸疼的肩膀，放松一下吧！

因此，本周根据先进先出法，我们使用的柠檬的购入价格为多少？每个20美分。

那么在资产负债表中的柠檬价格是多少？每个40美分。

我们之前说过，关于存货的计价，可以运用不同的方法。刚才使用先进先出法来编制本周报表。但是，现在，让我们再一次回到交易中去，使用不同的存货计价方法，重新做一遍。

与先进先出法相反的是，我们现在将采用**后进先出法**（LIFO）对存货进行计价，即假设最后购入的存货，最先被耗用。

记住，我们赊账购入了50个鲜柠檬，价格升至每个40美分。让我们从这桩交易开始。

什么到手了？存货。

购入了多少钱存货？20美元。

为此，你支付现金了吗？没有。

因此，为了资产负债表的平衡，你需要增加表中的什么项目？应付账款。

增加多少？ **20美元。**

记住，本次的报表与表6-3一样，但我们使用的是后进先出法来对存货计价（见表6-7）。

表　6-7

资　产		负　债	
现金	$34.00	应付账款	$24.00
		应付票据	$25.00
		负债合计	$49.00
应收账款	$6.00	所有者权益	
存货　原材料 $32.00 产成品 $0.00	$32.00	初始投资	$5.00
		留存收益	$20.00
待摊费用	$2.00	本周盈利	$0.00
		所有者权益合计	$25.00
总资产	$74.00	总负债及所有者权益	$74.00

我们使用后进先出法对存货计价，即最后购入的柠檬最先被使用或是出售。该方法被称做什么？ **后进先出法。** 它意味着什么？ **后进来的存货，最先被耗用或出售。**

在说明先进先出法时我们使用的"管子"比喻这次无法奏效了。取而代之，我们现在假设将柠檬全部装入一个木桶中。

哪些柠檬在桶底？ **20美分的那些。** 哪些在桶的上部？ **40美分的那些。** 没错，此时，后进的柠檬反而先出去。

现在来调制另外一批柠檬汁：5磅白糖加上50个鲜柠檬（再加上2加仑水）总共调制成60杯柠檬汁。

如果我们使用后进先出法来对这批存货计价，柠檬的成本是多少？20美元。所以，制作这批柠檬汁耗用的柠檬价值多少？20美元。再加上耗用的白糖价值多少？2美元。所以，运用后进先出法得到的产成品的价值是多少？

使用后进先出法的
产成品价值是

$ _____

此时，我们需要牢记这个数字，那么，让我们再重复一遍，使用后进先出法，得到的产品成本是多少？22美元。

在下面的报表中反映该事项（见表6-8）。

你本周的生意同样相当成功，调制的60杯柠檬汁全都卖光了。

与之前相同，50杯现金销售，10杯赊销。

什么从生意中流出了？存货。

表 6-8

资　产		负　债	
		应付账款	$24.00
现金	$34.00	应付票据	$25.00
		负债合计	$49.00
应收账款	$6.00	所有者权益	
存货　原材料		初始投资	$5.00
产成品		留存收益	$20.00
待摊费用	$2.00	本周盈利	
		所有者权益合计	$25.00
总资产		总负债及所有者权益	$74.00

存货流出了多少钱（使用后进先出法）？22美元。记住，根据后进先出法，最后购入的柠檬——或是说那些价格高的柠檬——应该最先被耗用或出售。那些价格低的柠檬被留在哪儿了？期末存货中。

流入了多少现金？25美元。

应收账款增加了多少？5美元。

让我们重新编制一份资产负债表（见表6-9）。

表 6-9

资　产		负　债	
现金		应付账款	
		应付票据	
应收账款		负债合计	
		所有者权益	
原材料		初始投资	
存货		留存收益	
产成品		本周盈利	
待摊费用		所有者权益合计	
总资产	＿＿＿＿	总负债及所有者权益	＿＿＿＿

同样，本周也没有费用的发生。

现在，运用后进先出法在以下利润表中反映上述的交易（见表6-10）。

销售收入是多少？30美元。

期初存货为多少？12美元。

购入多少存货？20美元。

可供销售的存货是多少？32美元。

期末存货为多少？10美元。

那么商品销售成本是多少？22美元。

表 6-10

利润表	起始时间：星期一上午	截止时间：星期天下午
销售收入		$ ____
期初存货	$ ____	
+原料采购	____	
+人工成本	____	
可供出售的商品	$ ____	
－期末存货	____	
=商品销售成本		
毛利=		____
总费用		____
净利润		$ ____

暂停一下！22美元的商品销售成本？那么贵吗？为何这个数据上升了？因为后面购入的柠檬价格较高。

毛利是多少？8美元。

本周没有费用的发生，所以，费用项目为零。

因此，我们的净利润是多少？8美元。

居然比先进先出法计算出的净利润低！

根据后进先出法，总资产为多少？82美元。

根据后进先出法，负债及所有者权益合计是多少？82美元。

我们运用了不同的存货计价方法，得到了不同的净利润，是吗？是的。

先进先出法下，我们的净利润是多少？18美元。那么后进先出法下的净利润是多少？8美元。先进先出法下得到的净利润是怎样的？更高一点。怎么会发生这种事情呢？因为，在先进先出法下，我们的商品销售成本更低，期末存货价值更高。

填制以下的表格，比较先进先出法和后进先出法的区别（见表6-11）。

表6-11　先进先出法与后进先出法的区别

	先进先出法	后进先出法
销售收入	$＿＿＿＿	$＿＿＿＿
商品销售成本	$＿＿＿＿	$＿＿＿＿
净利润	$＿＿＿＿	$＿＿＿＿
期末存货	$＿＿＿＿	$＿＿＿＿

比较的结论是什么？

先进先出法下的销售成本较低，期末存货价值较高，净利润也较高。后进先出法的销售成本较高，期末存货价值较低，净利润也较低。

记住，我们曾经说过会计核算方法可以选择。企业可以选择采用哪种方法对存货进行计价。

你更喜欢采用哪种方法？目前，还悬而未决。

采用先进先出法的理由是什么？首先是在账面上更好看。因为先进先出法下的报表中会有更高的净利润。

想法不错！但倘若你有了更多的盈利，政府将会怎样？收取更多的税收。

那么，为何又会使用后进先出法呢？出于税收的目的。盈利少，我们缴的所得税也相应减少。那么你认为哪种方法更便于会计核算？先进先出法。当然，它更简单点儿。所以，请记住，公司选择采用后进先出法的唯一目的在于节税！

是吗？我怎么听不见？！请再重复一遍。

公司选择采用后进先出法的唯一目的在于节税！

但是，你也许会问，这个理由总是正确的吗？

问得好！

本例中为何采用后进先出法对存货计价后，利润有所减少？因为存货的进价升高了。对于那些存货采购成本不断增加的公司而言，若想减少所得税，就需要采用什么方法？后进先出法。

假设存货的价格不断下跌，你若仍想节税，应该选择哪种方法？先进先出法。哪类行业的产品价格过去几年一直在下跌？电子产品行业。所以，电子产品行业类公司为了达到节税的目的，一般会采用先进先出法进行存货计价。

关于存货的计价采用先进先出法还是后进先出法对于企业来说非常重要，这主要取决于公司的两大经营策略：公司的纳税筹划策略是什么？公司所处行业的产品价格走势如何？（当然，你无法预测未来几年产品的价格，但根据最近25个月的价格你可以预期到未来的价格趋势。）

让我们利用本周数据，对这两种方法编制的报表进行比较以加深理解。

先进先出法下，总资产是多少？92美元。

那么采用后进先出法的总资产是多少呢？82美元。

采用两种方法得出的资产负债表中总资产相差多少？10美元。

除了资产负债表中的总资产不同外，左边还有什么项目不同？存货。

在资产负债表的右边，除了负债及所有者权益合计数外，还有哪个项目不同？盈利。

先进先出法下得到的期末存货中柠檬有多少个？50个。

后进先出法下得到的期末存货中柠檬有多少个？50个。

两种方法下，得到的期末柠檬数量一致。无论采用先进先出法还是后进先出法，你出售或耗用的柠檬数量都完全一样。如果将先进先出法下的资产负债表与后进先出法下的相应报表做比较，你会发现两者有着同样的现金（均为59美元）和应收账款（均为11美元），期末存货均为剩余50个柠檬及待摊费用均为2美元的保险费。因此，仅仅通过观察柠檬汁售卖摊，能够辨认出对于存货的计价采用的是什么方法吗？不能，肯定不能。因为这是账面上的。

对于存货计价的先进先出法和后进先出法通常体现在哪儿？仅仅在账面上。

现在，你也许正在想，对于诸如柠檬之类易腐烂的产品采用后进先出法将会导致某些问题的出现。换言之，如果你没有将旧的柠檬耗用或出售，那它们会怎样？腐烂掉。

让我们观看一下这一情形，这里有两碗柠檬。

左边碗内的柠檬来自我们假想的管子里面，也就是先进来的柠檬。

右边碗内的柠檬来自我们假想的木桶里面，也就是后进来的柠檬。

在先进先出法下，哪个柠檬将被耗用？先进入的柠檬。成本是多少？每个20美分。

在后进先出法下，哪个柠檬将被耗用？后进入的柠檬。成本是多少？每个40美分。但是现在，让我们好好想想。如果我们实际上使用了那些后进入的柠檬，那些先进入的（旧的）柠檬会怎样？

它们会变质，然后腐烂，长满恶心的霉，引来各种害虫。最后，卫生部门将会出现，情况糟得无法想象！

在后进先出法下，哪个柠檬应该被耗用？最先进入的。成本是多少？（对此，细心点儿。）40美分——记住，这仅是账面的计价。

因此，需要指出的是，先进先出法和后进先出法是存货计价的方法，那么当真正耗用或出售存货时，会使用这两种方法吗？当然不会。

哪些柠檬总是会被使用？先进入的那些，否则，它们就变质腐坏了。

后进先出法是会计核算方法上的一种创新。在实践中，你应该总会使用那些先购入的柠檬，在后进先出法下，你仅仅是"假装"在使用那些新购入的柠檬。实际上，你使用的是旧的柠檬但其价值是按照新购入的那批来计算的。正如我们之前所提到的，这仅仅是出于节税目的而创造的一种会计核算方法。

你也许会问，能否变换使用这两种计价方法。答案不是绝对的。

让我来解释这个问题。首先，从先进先出法转换为后进先出法。因为大多数公司都会选择更简单的先进先出法，第一次从先进先出法转换为后进先出法可由公司自己决定。为什么会这样做？因为，在通货膨胀时，成本不断上升，采用后进先出法能够达到节税的目的。可是，一旦做了这个决定，若下次再想转换核算方法，则必须经过美国国税局许可。

一家公司若已经从先进先出法改为后进先出法核算，但要再一次改变，就不太可能获得美国国税局的批准。

如果你已经从后进先出法转变到了先进先出法核算，需要补缴因此少计的所得税吗？恐怕是这样的。

在售卖柠檬汁的实践中，你曾需要计算所得税吗？为了解答这个问题，让我们看看何时需要缴税。

在后进先出法下，50个鲜柠檬的账面价值是多少？10美元。

但我们花了多少钱将之购入？20美元。

假设你将柠檬汁摊出售，50个柠檬你会卖多少钱？20美元。

所以，你会获得10美元的盈利而因此产生什么？所得税。

假设我们将最后的50个柠檬都卖出去了，那么我们的期末存货是多少？零。

那么，这种情况就要缴税了。所以，只要我们能保留多少个柠檬就可以避免少缴这10美元的盈利而产生的税收？50个。

最后，关于先进先出法和后进先出法两者的比较还应关注的地方是，我们如何分辨公司采用的是何种方法？

在财务报表的附注中，一般要求公司披露存货的计价方法。并且，还可以进一步要求披露分别采用先进先出法和后进先出法计算出的不同数值，以便投资者了解在后进先出法下，存货的价值被"低估"了。联邦政府不允许在财务报表上采用先进先出法却在涉税的报表中采用后进先出法。除非公司有特殊情况需要解释，否则，所有外部报表都要求满足一贯性原则。

那么，能否加权平均计算存货的价值呢？

当然可以。许多公司确实使用该方法对存货进行计价。如果公司的存货易于辨认，比如各个项目具备相应的序列编号，也可以采用个别计价法对存货进行计价。

在回到我们的柠檬汁摊生意前，让我们将先进先出法和后进先出法做个概括说明。

对于存货计价的先进先出法和后进先出法是从何种意义上而言的？账目上。

选择采用后进先出法计价的唯一目的是什么？节税。

时间过得真快，又到周末了！接着工作之前休息休息吧。听会儿音乐，跳支舞放松放松。出去呼吸一下新鲜空气，伸展一下酸疼的胳膊。

当然，可不要忘记给自己再来杯新鲜的冰镇柠檬汁！

第 7 章

现金流量表、固定资
产、资本化、折旧

正如我们每一章开始都要做的那样，一周的开始我们首先要做什么？将上周的盈利滚存入本周。

顺便提一下，出于节税的目的，在以后的章节中，我们会坚持采用后进先出法对存货计价。

注意：在实际生活中，后进先出法较难且坚持采用的代价较大。只有那些有大量存货的公司才会使用这种方法。在选择采用何种方法对存货计价时，最好向经验丰富的会计师咨询。

谈了够多的规定性警示，似乎有点繁文缛节——让我们开始行动吧！将第三周的盈利滚存到本周（见表7-1）。

表 7-1

资　产		负　债	
		应付账款	$24.00
现金	$59.00	应付票据	$25.00
		负债合计	$49.00
应收账款	$11.00	**所有者权益**	
原材料 $10.00		初始投资	$5.00
存货 ―――――――	$10.00	留存收益	
产成品 $0.00			
待摊费用	$2.00	本周盈利	
		所有者权益合计	
总资产	$82.00	总负债及所有者权益	

留存收益是多少？28美元。那么，新的一周，即第四周初始的本周盈利是多少？目前为止尚无利润。

但是，本周刚开始，你就接到那个几周前赊账购买你柠檬汁的朋友的电话，他说已经拿到了零花钱，打算将5美元的欠款还你。这真是一个好消息。你无须求助收账公司就可以收回应收账款了！

我们收到现金了吗？是的。

所以，为了反映这一事项，需要做什么？

在现金项目上增加5美元，而在应收账款项中减少5美元。以下报表中反映了该交易（见表7-2）。

表 7-2

资　产		负　债	
		应付账款	$24.00
现金		应付票据	$25.00
		负债合计	$49.00
应收账款		**所有者权益**	
存货 原材料 $10.00	$10.00	初始投资	$5.00
产成品 $0.00		留存收益	$28.00
待摊费用	$2.00	本周盈利	
		所有者权益合计	$33.00
总资产		**总负债及所有者权益**	$82.00

几周前，我们将这部分应收账款当做销售了吗？是的。

那么它在那时的利润表中是被当做销售收入而列示的吗？是的。

我们现在将之记为销售收入吗？不是。

我们在什么时候已经将之记为销售收入了？两周前。

因为我们使用的是权责发生制。

有关这类的交易事项将会反映到你的利润表中吗？不会。

但是，我们确实收到了一些现金，不是吗？对于经营中现金的流入与流出进行记账，会对我们有所帮助吗？是的。

现在，我们打算引入第三类的财务报表了。为何将它排在第三位？

需要从这方面来考虑，请看右图。

一个凳子的平衡需要有几条腿？三条。

若我们假设财务记账好比一个凳子，资产负债表是其中的一条腿，利润表是另一条腿，我们还需要一条腿来使凳子平衡。它就是现金流量表。

我们已经成功地学习并编制完成了柠檬汁摊的利润表和资产负债表。二者均使用何种方法编制？权责发生制。

第三类财务报表即为现金流量表。

以下是一张现金流量表，我们将逐项地完成它（见表7-3）。

表 7-3

现金流量表　第＿＿＿周	
现金的流入	$
购置存货的现金流出	
购置固定资产的现金投资	
费用的现金支付	
现金流量净额	$
期初现金余额	+
期末现金余额	$

本章中，我们打算逐项地填列它，至本周末，我们会将整个报表编制完成。

通常，现金流量表记录的是在一个给定期间内现金的流入和流出——本书中，以周为单位。我们需要反复记住这一内容：

现金流量表仅仅记录现金的流入和流出。

本周，我们是以现金开始的吗？是的。

期初现金是多少？59美元。将之记在表中"期初现金余额"项目中。

那么，我们收回了5美元的应收账款吗？是的。

现金流量表记录现金的流入和流出。每当现金流入就做加项，现金流出就做减项。那么，我们获得的5美元回款应该放在表中的哪一项目中呢？这是一项现金的收回，对吗？所以应该放在"现金的流入"项目中。

"现金流量净额"一栏，是根据表中该栏以上各项目，将本周现金的增加与减少相加而得出的数字。

鉴于你已经成为一名企业家——一旦成为，终身为之——你决定将自己的柠檬汁售卖摊装饰得更加引人注目。你朋友的哥哥几年前曾经有这么一个柠檬汁售卖摊，由他自己亲手创建。你决定买下它。经过一番激烈的讨价还价，你以8美元的价格收购了这个柠檬汁摊。

另一个朋友的家里有一小块地愿意出售给你当做新的经营场地。它位于路段的拐弯处，毗邻一条繁华的街道，是一块多年未开发的闲置空地的一部分。

你为获得这个场地和新柠檬汁摊共花了10美元现金。

你预测这个新购入的柠檬汁摊10年内都不需要大修。在最初的销售合同里，你标明了8美元是柠檬汁摊的买价，另外2美元是土地的买价。

（将此区分另有原因，我们在以后的章节会谈到。）

在我们的资产负债表中怎样反映这一事项？我们打算支付10美元现金获得一个全新的柠檬汁摊并将其搬到新购入的经营场地——一条路段的拐弯处。

你打算用什么购入它？现金。

现在，10美元的现金流出了。什么流入了呢？新的柠檬汁摊位和经营场地。

柠檬汁摊位和经营场地是我们所拥有的吗？是的。

那么，将其反映在资产负债表中的哪个项目中？它是资产吗？是的。

我们将称之为什么？在商业领域中，对于那些购得的财产、厂房和设备称做什么？一项固定资产。为何说它是"固定"的？因为这类东西一般不用做出售，在商业周期中，能够反复被使用。

接着在下面的资产负债表中反映该事项吧（见表7-4）。

表　7-4

资 产			负 债	
现金			应付账款	$24.00
			应付票据	$25.00
应收账款		$6.00	负债合计	$49.00
存货	原材料 $10.00	$10.00	**所有者权益**	
	产成品 $0.00		初始投资	$5.00
待摊费用		$2.00	留存收益	$28.00
			本周盈利	
固定资产			所有者权益合计	$33.00
总资产		___	总负债及所有者权益	$82.00

除了房屋、建筑物或土地，你还会想到哪些固定资产？

你也许会写下办公家具、商务车、电脑、工具、传真机、书架、冰箱等诸如此类的东西。

我们刚刚买了一项固定资产，它属于我们吗？是的。价值多少钱？10美元。

你知道当你购买一项资产并将其添加至资产负债表的行为被称做什么吗？资产的资本化。

现在，利润表中有没有显示你购买的地段或是摊位？没有。

那我们能将之列为一项费用吗？不能。

为什么我们不能将它费用化？因为这是一项价值较大且使用周期较长的支出。

这其中的原则是什么？一般说来，价值大的采购支出使资产增加，从而被放入资产负债表中，即资本化。

再重复一遍吧！

一般而言，价值大的采购支出会导致资产的增加，从而被放入资产负债表中（资本化）。

确定一项支出是将其资本化还是费用化，有一些通用的准则。我们将通过一些例子，具体说明这些准则。

我们刚才将现金转换成了另一项资产并将之资本化了。这个过程你看见了吗？

现金流出了吗？是的。

我们花费现金做了什么？一项投资。

回到你的现金流量表中，在哪个项目中填上−10美元？固定资产投资。

你很喜欢那个新购入的新柠檬汁摊，但朋友的哥哥对色彩的品位实在不怎么样。（除非你觉得棕色、紫色、艳粉色混在一起能够吸引人。）摊位确实需要重新粉刷一番——非常迫切！它现在的样子肯定吸引不了多少顾客，所以你打算亲自使用亮丽的色彩将它重新粉刷一遍。

你知道当地的五金店油漆分部经常有一些打折商品。你打电话去店里询问，并确定以2美元价格购入几罐油漆。

那个油漆商有一点怪异。他在五金店工作，但却戴着法式贝雷帽，身穿白色长袍，仅理睬称呼他姓氏的人。"早上好，克劳德先生，"你用法语向他打着招呼，"克劳德先生，这儿是购买两罐油漆的2美元，多谢您啦！"油漆中一罐是亮黄色，另一罐是灰蓝色。

你回到新柠檬汁摊前，开始粉刷。在你的眼中，这可是自己的杰作呢！简直堪比达芬奇的画作——《蒙娜丽莎》！

对这次粉刷我们如何记账？

现金流出了吗？是的，你花了2美元粉刷了整个柠檬汁售卖摊。

在三大报表中的哪类报表中记录这项交易？我们过一会儿再回答这个问题。

在此之前，让我们停下稍作思考，对于这次粉刷我们应该将之作为装修支出资本化还是费用化？

我们想将之放入固定资产项目中，即资本化吗？它增加了柠檬汁摊的价值了吗？

我们还可以将之费用化吗？

你认为是否二者均可呢？

是的，事实上，二者均可，你可以自由选择。如果这次油漆粉刷得非常持久且能经受日晒雨淋的考验而有10年的寿命，我们会将之怎样？资本化。

假设这次用的油漆便宜不耐用，第一年就掉漆了，那我们又会将之怎样？费用化。既然油漆很廉价，所以你会每年都粉刷一次吗？是的。那么这就成为你生意中的持续性支出了吗？是的。一项维修费用？是的。

猜猜看我们会用辛苦赚来的钱买什么样的油漆呢？廉价的那种。

那么，既然我们将之费用化了，这就意味着我们将不得不怎样？减少当期盈利。

完成下面的资产负债表以反映粉刷的费用化（见表7-5）。

表 7-5

资　产		负　债	
		应付账款	$24.00
现金		应付票据	$25.00
应收账款	$6.00	负债合计	$49.00
存货 原材料$10.00 / 产成品$0.00	$10.00	所有者权益	
		初始投资	$5.00
待摊费用	$2.00	留存收益	$28.00
固定资产		本周盈利	
		所有者权益合计	
总资产		总负债及所有者权益	

当你将盈利减少2美元时，这也许会让你步入一个有趣且进退两难的境地。本周盈利是多少？零。你可能会从留存收益中减去2美元——但这是过去的盈利我们不想改变它。在会计核算中，我们总是核算当期的会计期间发生的交易事项。这就意味着本期现在的盈利是−2美元。这就是商业中所谈及的"赤字"现象。你也许需要用红笔标明这项数字，或是把它放在篮子里强调这是项损失。

赤字是怎样发生的？一个如此激动人心、前途远大且不断扩张的柠檬汁生意怎么一下就陷入了"赤字"的境地呢？答案很简单。你现在正忙于装修、购买固定资产、规划及梦想等，以至于本周你还没有开始营业呢！

现在，本周盈利是赤字！有多少赤字？2美元。

我们为购买油漆支付现金了吗？这将同样会反映在我们本周开始时的现金流量表中吗？是的。

现金流入了还是流出了？流出了。

因为粉刷导致现金流出了。在现金流量表中，意味着费用支出2美元。回到现金流量表中并将之填上。

让我们回顾一下。这一交易涉及了所有的三大报表。

在资产负债表中，现金流出，我们将之费用化从而收益减少。在利润表中作为油漆费用以2美元列示。同样，在现金流量表中，费用支出项目列示为2美元。

现在，新的柠檬汁摊看上去好极了，非常结实，高高支起的顶棚别具特色。色彩运用也相当引人注目。这一切使你想在柠檬汁摊开张前再添置另一样东西。你思量着要是柠檬汁摊附近有一个洗涤槽该有多好，有了它，你随时就能将脏杯子洗净再利用，每晚也不必用车将它们运回家中去清洗了。

你试着打了几个电话询问洗涤槽的事。可是全新的洗涤槽都非常贵。幸好你又找到了一家旧货店，那里有个二手的旧洗涤槽，保存完好，相当不错，而且只要2美元。幸运的是，店老板家住的地方离柠檬汁摊生意点儿不远，他答应免费送货上门！而且，更好的是，他居然乐意赊账卖给你这个洗涤槽。

根据约定，店主拿来了洗涤槽并帮忙安装在柠檬汁摊旁。

如何反映这一事项？增加应付账款。

增加了多少？2美元。

每年都需要更换洗涤槽吗？不需要。它使柠檬汁售卖摊更加完善了吗？是的。作为一项改进措施，我们怎样对它进行核算？将其资本化。

所以，我们有必要将它单独设为一项固定资产吗？是的。

我们要做什么？将洗涤槽作为柠檬汁摊的一部分。

我们打算将它装在摊子的右边，是吗？当然这需要一点帮助。

因此，柠檬汁摊的价值提高了吗？是的。

增加了多少？2美元。

在下面的资产负债表中反映该事项（见表7-6）。

表 7-6

资　产		负　债	
现金		应付账款	
应收账款	$6.00	应付票据	$25.00
		负债合计	
存货　原材料 $10.00 产成品 $0.00	$10.00	所有者权益	
		初始投资	$5.00
待摊费用	$2.00	留存收益	$28.00
		本周盈利	
固定资产		所有者权益合计	
总资产		总负债及所有者权益	

但是，为何不将洗涤槽费用化？我们却将粉刷用的油漆当做了一项费用。

原因在于，我们曾说过每年都需要购入一些油漆进行粉刷，这是经营生意持续发生的一项费用。油漆的寿命比较短，但洗涤槽会使用很多年。

如果我们将柠檬汁摊出售了，洗涤槽的存在会增加柠檬摊的价值吗？当然会的。

如果一样东西的增加能延长一项固定资产的寿命或增加其价值、性能，你就需要将之资本化。所以，现在柠檬汁摊的价值因洗涤槽的存在而增加，该项支出就是资本性支出。

购买洗涤槽使现金发生变化了吗？没有。

为什么？因为是赊账购入。

该项交易会反映在现金流量表中吗？不会。

既然我们将之资本化，利润表中会出现这一数字吗？不会。

这个交易仅出现在哪里？在哪类报表中？资产负债表。

现在的你，正忙于固定摊位，爬上爬下一不小心将摊位上的顶棚弄裂了。你想让柠檬汁摊完美无缺并盘算着重新更换一个顶棚不会花费太多。你向朋友的哥哥求助，他答应帮你修复并收取1美元的费用。他甚至同意你赊账呢！

这是一项维修费用吗？是的。

它是多少？1美元。

你用现金支付了吗？没有。

你尚欠该笔费用，是吗？

如何反映这项交易（见表7-7）？

应付账款增加1美元，在本周盈利中填上赤字1美元。

现在，报表平衡了吗？是的。

因此这一事项是否仅仅影响报表的右边？是的。

报表完成了吗？是的，只要两边相等即可。

什么样的情况下顶棚的修理费是一项资本性改良支出？当你不得不增加一个新的顶棚时。

表　7-7

资　产			负　债	
现金			应付账款	
			应付票据	$25.00
应收账款		$6.00	负债合计	$52.00
存货　原材料 $10.00 产成品		$10.00	所有者权益	
			初始投资	$5.00
待摊费用		$2.00	留存收益	$28.00
			本周盈利	
固定资产			所有者权益合计	$30.00
总资产			总负债及所有者权益	

在此，我们只是将顶棚恢复到原来的样子吗？是的。

所以，这算是另外一项经营中发生的持续性支出吗？是的。

现金流出了吗？没有。

既然没有现金流出，那么现金流量表是否会受影响？不会。

过去4个交易事项涉及了对于一项支出，如何决定其是资本化还是费用化。让我们花点时间复习一下。

对于一项支出，公司如何考虑其应该资本化还是费用化？取决于两个标准。它们是什么？

1. 时间。该项支出使公司受益的时间。一般都会将受益时间超过一年的支出作为资本性支出而若其受益期间仅在一年以内，就为费用性支出。

2. 成本。如果你买了个垃圾桶，它的使用寿命超过了一年，你会资本化它吗？为什么不会？当然不会。因为它的价值太微不足道了。

第二条标准是它的成本。大多数公司对此都会确定一个固定的金额，如500美元、1000美元、1500美元。那么，让我们假定在500美元——如果你的公司定的标准为500美元，一个项目的支出少于500美元，则自然就应该费用化。如果它是500美元或超出500美元，则需要资本化。

现在，到了必须开始营业的时间了。但是，发生了如此多的事情，并且花了大量的时间来处理，你居然忘记去购买调制柠檬汁的原材料——鲜柠檬和白糖了。

哦，天哪，现在该怎么办啊？！

尽管你知道不能这样做，但你希望顾客们能够理解，这一次品尝不到家庭秘方调制的，世界上最好喝的柠檬汁了——你花了20美元购买了已经预先调制好的柠檬汁，它装在一个纸箱内，共有100杯。

对此，你是怎么考虑的？——这是个好主意吗？不是。

何以见得？那种新鲜且味道独特的柠檬汁没有了。

但是，可以尝试着用这些预制好的柠檬汁代替一次。它们也是真正手工调制出来的呢。

孩子们会买它吗？当然会，我敢打赌！

如何买到它？用现金。

价格是多少？20美元。

请在资产负债表中反映这一事项（见表7-8）。

报表平衡了吗？是的。

现金流出了吗？是的。

我们用现金购买了东西。在下面的现金流量表的购置存货的现金流出栏中，记录这项交易（见表7-9）。为了简化，这是张全新的现金流量表，将本章以上内容所有涉及现金项目的事项均填入本表。然后，再记录这次用现金购入预制柠檬汁的事项。发生了什么？现金减少到了20美元。

表 7-8

资　产		负　债	
		应付账款	$27.00
现金		应付票据	$25.00
		负债合计	$52.00
应收账款		**所有者权益**	
存货　原材料 $10.00		初始投资	$5.00
产成品		留存收益	$28.00
待摊费用	$2.00	本周盈利	
固定资产	$12.00	所有者权益合计	
总资产		总负债及所有者权益	

表 7-9

现金流量表　第_____周		
现金的流入	$	
购置存货的现金流出		
购置固定资产的现金投资		
费用的现金支付		
现金流量净额		$
期初现金余额		+
期末现金余额		$

关于预制柠檬汁的购买在利润表中有所反映吗？是的，在产品销售成本项目中，为20美元。

你已经获得了这些预制柠檬汁，猜猜看会发生什么？销售好极了！你以每杯50美分的价格售出了全部进货。总共有40美元的现金和10美元的应收账款。其他存货保持不变。

什么出去了？柠檬汁。

我们还拥有旧的柠檬，尽管它们已经开始一点点地变质了。

什么到手了？现金。

多少美元的现金？40美元。

多少应收账款？10美元。

更新资产负债表的左栏（见表7-10）。

表 7-10

资 产			负 债	
现金			应付账款	
			应付票据	$25.00
应收账款	$16.00		负债合计	
存货 原材料 $10.00 产成品 $0.00	$10.00		**所有者权益**	
			初始投资	$5.00
待摊费用	$2.00		留存收益	$28.00
			本周盈利	
固定资产	$12.00		所有者权益合计	
总资产	_____		总负债及所有者权益	

这张报表平衡了吗？还没有。

那么，我们需要反映什么？一周的盈利。

销售收入是50美元——存货的成本是多少？20美元。

所以，本周的盈利总额是多少？30美元。

但在反映今天的销售情况前，表中的本周盈利是多少？−3美元。

30美元减去3美元得到多少？27美元。

现在，请更新表7-10的右栏。

让我们回到前面的现金流量表中。

现金有变化吗？**是的。**

我们获得了40美元，在"现金的流入"处填上+40。

既然你最后有销售额了——且尤为重要的是，那是现金销售额。为了和杂货店店主帕克老爹保持良好的合作关系，你的赊账天数已经快30天了——接近还款期限。所以，现在你打算偿还赊购白糖的4美元。

你骑着车来到杂货店。"柠檬汁生意做得怎样了？"帕克老爹问道。即便他有点担心你的还款问题，但却不动声色。

"到今天为止，销售仍在增加。"你说道，"所以，我专程过来还您4美元的欠款。"帕克高兴地接过这4美元。作为回报，他给了你一块免费的小甜饼。和帕克老爹那样的人做生意真是件快乐的事情！

你用什么偿还杂货店的欠款？**现金。**

所以，什么流出了？**4美元的现金。**

在报表中反映这一事项（见表7-11）。

表 7-11

资　产		负　债	
现金		应付账款	
		应付票据	$25.00
应收账款	$16.00	负债合计	
		所有者权益	
存货 原材料 $10.00	$10.00	初始投资	$5.00
产成品 $0.00		留存收益	$28.00
待摊费用	$2.00	本周盈利	$27.00
		所有者权益合计	$60.00
固定资产	$12.00		
总资产		总负债及所有者权益	

为了保持报表左右相等，右边的什么项目减少了？**应付账款，减**

少了4美元。

这4美元购买白糖的支出在以前完成的利润表中有显示吗？是的。

本周的利润表中还会显示吗？不会。

我们在何时将它作为一项采购支出而记账？当它在第二周实际发生时。

没错，根据权责发生制原则，我们即使没有支付什么也应该对此记账？现金。

那么，两周后，我们用什么偿还？现金。

应付账款的数字计入本周利润表的商品销售成本吗？不计入。

目前发生的交易还未影响到利润表。

但影响现金了吗？是的。

现金流出了多少？4美元。

我们需要在购置存货的现金支出项目栏中填列−4美元，因为已经偿还了帕克老爹4美元的购货款。请更新现金流量表（见表7-9）。

既然已经偿还了帕克老爹的欠款，你思考着何不将自己的幸运散布到四方呢！于是，你决定将银行贷款本息共27美元归还银行。银行家非常高兴地从你那儿拿到了27美元。离开银行大门时，银行保卫满怀笑容地对你说，"欢迎再次光临！"

多少钱流出了？27美元。其中，25美元是本金，另外2美元是什么？利息。

所以，现金总共流出了多少？27美元。

请在报表中反映该事项（见表7-12）。

报表平衡了吗？没有。

对于右边，我们应该怎样处理？需要拿掉什么？应付票据25美元。现在，报表平衡了吗？还没有。

表　7-12

资　产			负　债	
现金			应付账款	$23.00
			应付票据	
应收账款		$16.00	负债合计	
			所有者权益	
存货 原材料 $10.00 产成品		$10.00	初始投资	$5.00
			留存收益	$28.00
待摊费用		$2.00	本周盈利	
固定资产		$12.00	所有者权益合计	
总资产			总负债及所有者权益	

　　我们同样需要就支付的利息费用记账，反映在报表右栏上。所以，盈利减少了多少？2美元。

　　请完成报表的右边各个项目。

　　现在报表平衡了吗？是的，总资产为81美元。

　　2美元为利息费用，是我们与银行交易的费用。

　　有关银行还贷的交易都要反映在利润表上吗？是的，因为利息的存在。

　　利息费用是多少？2美元。

　　现金流量表因此需要改动吗？是的，因为现金流出了。

　　现在，有27美元流出了。我们没有继续借款，而是偿还了银行25美元的什么？本金。

　　所以，在下面的现金流量表中，记录归还银行贷款本金25美元（见表7-13）。

　　另外，还要将-2美元填列到费用的现金支付这一项目中。

表 7-13

现金流量表   第＿＿周

现金的流入　　　　　　　$

购置存货的现金流出

购置固定资产的现金投资

费用的现金支付

偿还借款

现金流量净额　　　　　　$

期初现金余额　　　　　　+

期末现金余额　　　　　　$

在结束本章之前，我们还需要学习一个内容。这就是如何对固定资产在其使用期间进行计价。这一概念被称做"折旧"。折旧是什么？它是在固定资产使用期间因耗用、磨损、过时等导致的价值减少。

让我们来看看主要的固定资产——柠檬汁摊，它所占有的地点及在其附近增加的洗涤槽。

我们花了8美元买了柠檬汁摊位，2美元的土地占用费。

对于增加的什么东西我们将之资本化了？洗涤槽。

建筑物和洗涤槽现在价值10美元，土地价值2美元。

为何将土地和建筑物分开？因为根据法律，我们不能对土地进行折旧。

为什么不能？请写出你认为我们不能折旧土地的原因。

＿＿＿＿＿＿＿＿＿＿＿＿＿＿＿＿

＿＿＿＿＿＿＿＿＿＿＿＿＿＿＿＿

＿＿＿＿＿＿＿＿＿＿＿＿＿＿＿＿

土地的寿命有多长？无限长。

它会被磨损吗？不会。

因此，我们能对土地折旧吗？ 不能。

但是，对于柠檬汁摊我们能折旧吗？ 可以。

还有洗涤槽能折旧吗？ 也可以。

我们能对摊位及其附着物折旧吗？ 是的。

我们预测这个摊位的寿命有多长？ 10年。

我们能折旧的金额是多少？ 10美元。

在此，我们打算使用的折旧方法称为**直线折旧法**。直线折旧法就是在固定资产的使用年限和价值之间画一条直线（见图7-1），柠檬汁摊花了你多少钱？ 10美元。

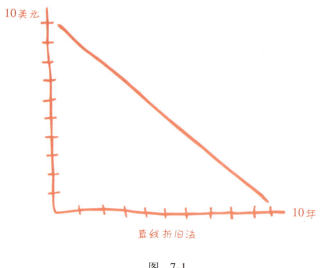

直线折旧法

图　7-1

运用直线折旧法，每年的折旧比例都是相同的，那么每年折旧多少才能将价值10美元的固定资产折旧完？ 如果使用年限为10年，每年折旧即为10%。

因此，如果我们总共折旧10美元，且在10年之内，我们每年的折旧额就是1美元。如果我们第一年折旧了1美元，将会使我们的固定资产价值减少1美元。因此，12美元的固定资产，一年后的价值是11美元。

这意味着该项固定资产真正的价值是11美元吗？不是。

这是账面价值，称之为账面净值。当你听见有人在说一项固定资产的账面净值，他说的是由购买价减去折旧的余值。我们将在资产负债表中使用颜色（负数）来代表折旧。

账目上，价值不断下降。但实际上，在现实世界中，价值还有可能是上升的。

现在，当我们在资产负债表固定资产项目中减去折旧1美元，报表会平衡吗？不能。

折旧是什么？一项费用。那么费用减少了什么？盈利。

所以，你将不得不怎样做？使盈利减少1美元。

在下面的报表中，反映出折旧事项（见表7-14）。

表　7-14

资　产		负　债	
现金	$41.00	应付账款	$23.00
		应付票据	$0.00
应收账款	$16.00	负债合计	$23.00
		所有者权益	
存货　原材料 $10.00　产成品 $0.00	$10.00	初始投资	$5.00
待摊费用	$2.00	留存收益	$28.00
		本周盈利	
固定资产		所有者权益合计	
总资产	____	总负债及所有者权益	____

折旧影响到现金流了吗？没有。没错，这是本书中首次出现一项费用的发生没有影响到现金流的情况。

但是，我们打算将之当做什么？一项费用。

在利润表中的哪个项目中记录它？ 折旧费用。

现在，又出现了一条需要我们永远牢记的会计核算准则。

请记住：折旧是一项非付现费用。

正如我们曾学到的其他法则一样，需要反复记忆。

记住：折旧是一项非付现费用。

这不同于我们卖的保险。当我们预付了保费，第一年消耗掉了1美元的保费，我们能将3美元的保费拿回来吗？ 不能。

如果我们将摊位加上洗涤槽销售出去，能够拿回10美元现金吗？ 有可能，非常有可能。

所以折旧是一项非付现费用，体现在哪儿？ 在账面上，资产负债表中。

现在，你花了10美元购买了一个摊位和洗涤槽，但是政府却不允许你在购买时将之全部费用化，你必须资本化它们。但按理说从使用之日起，它将被耗用，所以，允许你有1美元的非付现费用。因此，每年我们会因折旧而减少固定资产的账面价值，但折旧费用并不影响现金流状况。这就是为何它是非付现费用的原因。折旧费的优点在于不需要支付现金，就会使盈利和税收同时都减少。（非常奇妙，是吗？！）

下面是你本周的最后一张资产负债表，请完成它（见表7-15）。

再来完成下面的现金流量表（见表7-16）。

现金流入是多少？ 45美元。

花费又是多少？ 63美元。

所以，＋45和－63相加，得到现金流量净额为多少？ －18美元。

表7-15　第四周期末资产负债表

资　产			负　债		
现金		⬭	应付账款		⬭
			应付票据		⬭
应收账款		⬭	负债合计		⬭
存货	原材料 ⬭	⬭	**所有者权益**		
	产成品 ⬭		初始投资		⬭
待摊费用		⬭	留存收益		⬭
			本周盈利		⬭
固定资产	☐ ☐	⬭	所有者权益合计		⬭
总资产			总负债及所有者权益		

表　7-16

现金流量表　第_____周

现金的流入	$ ⬭
购置存货的现金流出	⬭
购置固定资产的现金投资	⬭
费用的现金支付	⬭
偿还借款	⬭
现金流量净额	$ ⬭
期初现金余额	+ ⬭
期末现金余额	$ ⬭

现在，在继续学习下面的内容时，让我们先来看看如下的情形：

如果以上的计算说明我们的现金流量净额为 −18 美元，表明现金减少了18美元。

如果期初现金为59美元，那么期末现金为多少？41美元。

因此，本周开始时现金是59美元，结束时现金是多少？41美元。

回到本章最后一张资产负债表中。我们从中看到现金是多少？41美元。

因而，现金流量表详细地告诉了你现金流的变化。它记录了所有的涉及现金流的交易，多少现金流出而又有多少现金流入。

通过这几章的学习，你已经学会了许多会计的专业知识——包括三大报表以及它们各自的运用。

你做得非常不错！

现在，请完成本周的利润表。

鉴于你的学习非常努力并对此满怀兴趣，我们打算将本周发生的交易列出，以便你不必再回到之前的内容一一去寻找它们了。

本周交易事项：

从朋友那儿收回了5美元应收账款；

以10美元的价格购入场地和柠檬汁摊；

以2美元的价格购买油漆并粉刷了柠檬汁摊；

赊账2美元购入洗涤槽一个；

赊账1美元修理柠檬汁摊的顶棚；

花费现金20美元购入预先调制好的柠檬汁；

销售情况不错。将所购入的柠檬汁全部销售出去，得到销售收入为50美元，其中40美元现金，10美元应收账款。

偿还了4美元因赊账购入白糖的欠款；

偿还了25美元贷款本金，2美元利息；

对建筑物及其附属设备，即柠檬汁摊和洗涤槽（总共价值10美元）使用直线折旧法计提了折旧，今年的折旧费为1美元。

这可真是繁忙的一周！休息一会儿，继续完成本周的利润表吧（见表7-17）！

表 7-17

利润表	起始时间：星期一上午	截止时间：星期天下午
销售收入		$
期初存货	$	
＋原料采购		
＋人工成本		
可供出售的商品	$	
－ 期末存货		
＝商品销售成本		
毛利＝		
费用		
●		
●		
●		
●		
＝总费用		
净利润		$

让我们核查一遍该利润表。

销售收入是50美元。

期初存货为10美元。

采购为20美元。

所以，可供销售的存货为30美元。

期末存货是10美元。

这意味着商品销售成本是20美元。

因而得出毛利为30美元。

费用为：油漆，2美元；顶棚修理费，1美元；利息，2美元；折旧，1美元。总费用为6美元。

因此，得出净利润是24美元！

一周的工作又该告一段落了。

第 8 章

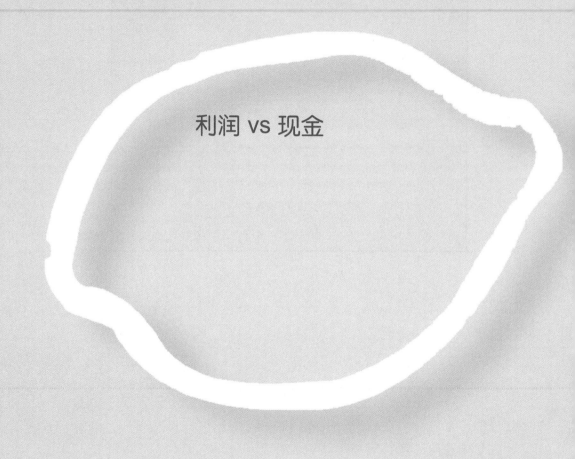

利润 vs 现金

夏季时光渐渐流逝，每年一度的8月家庭假期即将到来。随着家庭假期的到来，仅仅一到两周之后，新学期就要开始了。这意味着你仅剩下很短的时间来经营柠檬汁摊以及学习会计知识了。

今天是星期一、新的一周——第五周的开始。你首先要做的事情是什么？滚存上周的利润。

将之反映在下面的报表中（见表8-1）。

表 8-1

资　产		负　债	
现金	$41.00	应付账款	$23.00
		应付票据	$0.00
应收账款	$16.00	负债合计	$23.00
存货　原材料 $10.00　产成品 $0.00	$10.00	**所有者权益**	
		初始投资	$5.00
待摊费用	$2.00	留存收益	
		本周盈利	
固定资产 $12 $1	$11.00	所有者权益合计	
总资产	$80.00	总负债及所有者权益	

掌握了上周的内容后，本周又将遭遇新的挑战。

现在，距离第一个新挑战已为期不远。最近的销售业绩不佳，你却找不出原因。天气依旧温暖晴朗。可以确定的是，人们都非常喜欢你的新柠檬汁售卖摊。似乎没人在意你的柠檬汁不再是原始调制的那种了。那么销售不佳的原因究竟在哪儿？

一个朋友骑车路过你的摊位，你喊她停下来喝杯柠檬汁。她大声回答道："现在不行，我姐姐正在公园参加'全城垒球大赛'，再不赶去，就没座位了——几乎人人都要赶去那儿观赛呢！"

原来如此！

许多潜在的顾客都聚集在公园的垒球赛场了。可是你的柠檬汁售卖摊却固定在这里！要是能够将美味的柠檬汁运抵比赛现场，销售肯定火爆！

没错，你应该弄一个移动柠檬汁摊位！那种你能够随时移动去人群多的地方的柠檬汁摊！因为如果无法将顾客吸引到固定摊位上，那么，一些精明的生意人便会让摊位跟着顾客走！

你查阅了电话本，打了很多电话。最后，终于找到了一家出售移动点心摊位的公司，但是售价却要几千美元！显然其中任何一种款式你都买不起，所以，要开动脑筋了！

让我们整理一下思路，好好想想。你还不够拿驾照的年龄，所以不能驾驶任何机动车；你也没有可以拉货的马匹或毛驴；因而，你只有自己亲自推车前往。运输的手推车不必太大——只要能装下用来销售的柠檬汁即可。这样的手推车肯定也不会太贵。

你正想着如何找到一辆这样的手推车，突然间，灵感袭来。一辆旅行车岂不正合适吗？！就是那次在你买油漆的那家五金店里看到的那种车子！

你找到爸爸让他开车带你来到五金店。卖旅行车的女士恰好是克劳德先生的孪生姐姐。她身穿系着大红背带的法兰绒红色T恤衫，一条绿色羊毛裤束在黑色的高筒靴中，灰白的头发用红色的发带扎起一个高高的马尾，胸牌上写着："随时为您效劳的微拉·瓦格纳。"

"我想买一辆旅行车",你告诉她,"价格是多少?"

"我们恰好推出了一款最佳款式的旅行车",她回答道,"它用最高级的钢材制成,表面的油漆都是防锈的,轮胎经过穿刺测试,是传统工艺制作完成的精良典范,具有长达10年的使用寿命,售价仅为20美元。"

这位店员阿姨显然非常了解她的旅行车,你马上认定它就是你需要的那种车型了——你决定买下它!

让我们在资产负债表中反映这项交易。

我们有足够的现金买下它吗?是的,你从现金中取出20美元买下它。

旅行车是一项资产吗?是的。

属于哪种资产?固定资产。

价值多少?20美元。

但我们在此可以简单地将之归为柠檬汁摊位、场地及洗涤槽这类固定资产项目中吗?不能。为什么不能?请帮忙解答一下吧。

让我们来观察固定资产项目,首先从柠檬汁摊位开始。它是附着于场地的吗?是的。就好比一座建筑物,是吗?没错。

那旅行车呢?它附着于场地吗?不,它是可以移动的。

旅行车类似建筑物或厂房吗?不。

一项能够移动的固定资产被称做什么?设备。

它们是不同类型的固定资产。

很多公司都会在资产负债表中将设备与建筑物相区分。

现在,仅仅因为旅行车是一项设备,所以将其作为固定资产的一项在资产负债表中单独列示吗?当然不是。你还能想出其他的原因吗?

_____

_____

另外一个原因就是,因为它是另一类固定资产,在折旧时应该有所区分。

让我们完成下面的资产负债表，反映出购买旅行车的交易事项（见表8-2）。

表 8-2

资 产			负 债	
现金			应付账款	$23.00
应收账款		$16.00	应付票据	$0.00
			负债合计	$23.00
存货	原材料 $10.00	$10.00	所有者权益	
	产成品 $0.00			
待摊费用		$2.00	初始投资	$5.00
固定资产	$12 $1	$11.00	留存收益	$52.00
——建筑物			本周盈利	$0.00
固定资产——设备			所有者权益合计	$57.00
总资产			总负债及所有者权益	$80.00

当你周六下午赶到垒球大赛的现场时天色已晚。但不必担心——比赛傍晚才开始，首场比赛将在15分钟后展开。

你穿过街道向比赛场地走去，你感到无比幸福。因为，你已经成功购得一辆闪闪发光的、崭新的红色旅行车，你向着自己宏伟的生意目标又前进了一步！

途经帕克老爹的杂货店时，你打算再买些预先调制好的柠檬汁。但是店门却关了！你不知道发生了什么——突然间你想起来帕克老爹曾说过今天要赶去看球赛，所以要早点打烊。你真有点担心帕克的店真的已经结束营业了，因为你需要购入更多的存货。

你决心推门而进。突然间，又想起在举办球赛的公园附近肯定还会有店铺。

没错，你果真看到了在球场的不远处有家正营业的店铺。但当你一踏入这家店铺时，马上觉察到它是一家类似五金店的仅出售散装货物的商店。你看了看价格，真是大吃一惊。这里同样的商品要卖30美元——比帕克老爹杂货店要贵10美元！

30美元！你的心情无比沉重。接下来该怎么办？带来的雪茄盒中只剩下21美元的现金了。（可以在最近完成的那张资产负债表中查到现金余额。）

看来我们遇到了一个大麻烦，很大的麻烦！打算如何应对？你会怎样做？

_____

_____

_____

我们能做什么？向爸爸妈妈求助？这可是做父母的义务！这确实是个不错的主意，可是你立即又想起妈妈此时正在上她每周一次的健身课，而爸爸正在高尔夫练习场打球。不可能马上找到他们！

那该怎么办？

去银行借钱？银行周六还营业吗？当然不营业了，周六中午就停止营业了。

也许你能自创一张支票！银行会接受吗？当然不会，更别说这可能招来警察了！

你感到非常绝望。生意陷入了困境，正如当年可口可乐公司对可乐进行改良、福特公司推出埃德塞尔（Edsel）汽车⊖所遭遇的惨败一样。你拥有崭新的旅行车——但却没有可供出售的柠檬汁！你该怎样应对呢？

⊖　The Edsel是福特公司在1958~1960年间推出的一款汽车。但因种种原因销量并未达到预期，导致福特公司为此蒙受高达5亿美元的损失，该事件称之为"埃德塞尔（Edsel）汽车事件"，是世界汽车营销史上最大的单项产品失败案。——译者注卖掉旅行车！

比赛马上就要开始了，你有充足的时间卖掉车子并且跑去另一家商店购买预制好的柠檬汁吗？没有。

更何况，你还需要一个地方摆放你的柠檬汁。

你还能做什么？

给那些欠你钱的朋友施压！收回应收账款。

也许能成功，但他们一个也不在比赛现场。

可不可以将旅行车退回五金店然后拿回钱呢？不能，薇拉·瓦格纳同其他人一样，也在看比赛呢！

你可以先购入少量的柠檬汁吗？

是的，但除非你整晚都能找到一直营业且能卖给你所需的柠檬汁的那种店铺。

你又决定去保险经纪人那儿要回投保的钱。

但他的办公室也已经关门了。

绝望的人试图在做毫不奏效的事儿。这可不是那种可以感到骄傲的时刻，当然也决不能在60年后讲给自己的孙儿们听。你决定利用旧存货。

但是，它们已经放了多久了？到现在为止，已经好几周了。所以，还能再用吗？除非我们想受到卫生检查部门的问责或是准备吃官司。

那么，大多数处于起步阶段的公司会做些什么？出售股份，准备公开上市。

在垒球赛现场能够这样做吗？没有比这更糟的主意了！难道我们就束手无策了吗？

最后，你向朋友寻求帮助。其中一个朋友建议道："你不是总在吹嘘这个夏季已经积累了大量收益吗？为何不花掉一些呢？"

这才是真正的朋友！

你决定试着这样做。

你快速赶到那家商店，向刚才遇见的那个店员说道："我打算买一些预制好的柠檬汁。"

"好的，我帮您拿。"他回答道。

听到这些，你非常高兴，终于能喘口气了，这感觉好极了，真想和那个店员来个拥抱。

"总共需要多少钱？"你问道，多么希望自己看错了标价啊！

"30美元。"店员说道，"我们只把它们装在真空包装盒里卖。"

"好极了，没问题。"你回答道。

"你打算怎样付款？"店员接着问。

"我打算付21美元的现金和9美元的累积盈利。"

"抱歉，我们只收现金。"店员说道。

你拿出了21美元现金。

"这还不够，"店员说道，"剩下的呢？"

"我们这儿要的是真正的现钞，"店员补充道，"您现在只给了我21美元的现金，你的盈利是现金吗？"

"不全是。它们并非全是真金白银——这确实有点糟糕，"你承认道，"但求求您接受我的累积盈利吧！大人们一直跟我说，我的盈利能够用来消费。唯一的区别是现金是绿色的，而盈利是黑色的。"

"对不起，我们不能接受。"店员说道，报之以礼貌的微笑，耸耸肩走开了。

那么，你的盈利能够用来消费吗？不能。你仅能用什么用于消费？现金。

对此，你困惑极了。你寻思着，既然盈利不能用来消费，那拥有它还有何好处呢？而且，它们不是现金，究竟去哪儿了？你决定以后再解决这个问题。

现在的你非常沮丧！你还差一点儿现金却没人愿意帮助你！或许你可以"顺手牵羊"带走一些柠檬汁。去行窃？这是我们希望看到的吗？当然不是。

对了，帕克老爹愿意赊账给你，也许刚才那位看上去还不错的店员也愿意让你赊账购入柠檬汁。

你追向店员，发现他正在打扫装有牙签的压缩纸箱上的灰尘。

你鼓足了勇气，向店员说："我想先付您21美元的现金，其余的赊账，可以吗？"

"孩子，这可能不行，"店员回答道，"你如何让我相信将来你会归还这笔钱呢？"

"请打电话给我的私人供应商帕克先生，好吗？他现在就在附近。我曾从他那儿赊账购入货物，并且已经付清了所有账款。"说完这些，你才意识到帕克现在正和其他人一样，在观看比赛。

你哀求着店员。甚至拿出自己贵重的抛光石"贿赂"他，它可是你从不离身的宝贝！

终于，店员同意代你向经理咨询该问题。经理居然同意赊账了，这简直是奇迹。他说认识帕克先生，那些在帕克那儿赊账的人都是值得信任的。

我们付给店员多少钱？21美元。

店员给了我们货值多少的柠檬汁？30美元。

请完成以下报表反映该项交易（见表8-3）。

表　8-3

资　产		负　债	
现金		应付账款	
应收账款	$16.00	应付票据	$0.00
存货　原材料 $10.00		负债合计	
存货　产成品		所有者权益	
待摊费用	$2.00	初始投资	$5.00
固定资产 $12 $1 ——建筑物	$11.00	留存收益	$52.00
		本周盈利	$0.00
固定资产——设备	$20.00	所有者权益合计	$57.00
总资产		总负债及所有者权益	

怎样才能使该报表平衡？在应付账款项目中加上9美元。

现在报表平衡了吗？是的。

让我们花点时间研究这张资产负债表。

如果有人给你看了这份报表，你会如何评论这桩生意的好坏？它盈利了吗？资产多吗？过去四周的生意可是相当不错的。

从报表上还能发现什么问题吗？当然。

我们的现金流怎样？千万别论及此问题！

关于现金的问题是什么？居然没有现金！

如果因天气突然下雨人们都回家了，一杯柠檬汁也没卖出，会发生什么？无法从销售收入中获得现金。

我们拥有很多资产，只是没有太多的什么？现金，而且坦率地说我们的现金为零，像一个大大的鸭蛋！

但从报表看，我们还拥有大量的留存收益。它们是现金吗？难道我们没把它们存入银行？我们一直都在滚存这些盈利吗？它们难道不在账户里吗？

这个问题事关整个夏季生意的价值所在。

你很可能已经听说过"我打算用我的盈利来消费。"诸如此类的话。但刚才我们发现了什么？商人们往往不接受盈利。你只能用现金购物。

如果盈利并非现金，那你的留存收益在哪儿？当然不可能以现金的形式得到。

那么，现在，这些收益隐藏在哪儿了？在资产、存货或是设备中。

千万不能忘记这个关系到整个夏天生意价值的问题：

盈利不是现金！

记住，报表的左边是站在我们的角度上看到有什么东西流出了，我们的现金、存货等究竟是多少。逐项观察资产负债表的项目，找到哪些项目代表了我们的售卖摊场地、洗涤槽、旅行车和已经腐烂的柠檬、保单以及应收账款。

报表的右边代表了账面上我们所拥有的东西，或者说左边的资产是由谁提供的。负债表明了我们对外的欠款，权益（包括留存收益）仅仅表明了我们对于这些资产占有的份额。

花费如此多的现金购入一辆旅行车是一个明智的策略吗？不是。

一个盈利的公司也会陷入困境吗？绝对有可能。

因为维持日常经营的是什么？是利润吗？不是。一个企业的日常经营依靠的是现金。

如果读完本书，即使你没记住别的内容，但以下这点必须牢记：

维持企业日常经营的 是现金而非利润。

现金和利润是一回事吗？不是。

什么是企业的核心、驱动力及血脉？现金。

同样，什么使企业得以运转？现金。

实际上，利润仅说明了你所赚取的金钱数量。它表明了销售收入大于销售成本的差额。当你将利润值与初始投资额相比较，就会知道属于自己的资产份额是多少。

如果没有利润企业仍会继续运营一段时间吗？是的。

那么如果没有任何现金企业能够运作吗？一天都不可能。

所以，如果你需要阅读一份财务报表，看见它的现金项目为零，而留存收益为52美元，你也许会得出结论，"可能有52美元存进了某个银行账户里。"我们在银行存款了吗？没有。意识到这一点区别非常重要。售卖摊的经营和盈利一直不错。盈利时获得了大量的现金。但是我们却花费了大量现金用来购买存货、建筑物、保险以及旅行车，等等。应收账款表明其中的一些盈利因为客户的欠款并未转化为现金。获取利润非常重要，但拥有利润并不意味着拥有现金。

老天保佑，没有下雨。人人都拥在旅行车边争先恐后地购买柠檬汁，猜猜发生了什么？

销售状况好极了！你卖光了所有的柠檬汁总共获得了50美元的现金。其他的存货仍旧没变化。你终于可以喘口气了。

让我们回顾一下刚才发生的事情。

什么出去了？价值30美元的存货。

什么到手了？现金。

多少现金？50美元。

我们的盈利是多少？20美元。

反映在现金流量表中，应增加的项目是什么？现金的流入。

请完成如下的资产负债表（见表8-4）。

表 8-4

资　产		负　债	
现金		应付账款	$32.00
应收账款	$16.00	应付票据	$0.00
存货　原材料 $10.00　产成品		负债合计	$32.00
		所有者权益	
待摊费用	$2.00	初始投资	$5.00
固定资产——建筑物 $12 $1	$11.00	留存收益	$52.00
		本周盈利	
固定资产——设备	$20.00	所有者权益合计	
总资产		总负债及所有者权益	

鉴于拥有了一个如此好的天气以及对生意的把握，你决定为自己发放4美元的工资。就这一次！这已是你做生意的第五周了，尤其你已经成功地渡过了一次难关，觉得这的确是自己应得的报酬。

什么流出了？4美元的现金。发给所有者的薪酬是一项费用。

这将会使利润减少多少？4美元。

完成如下报表，反映该事项（见表8-5）。

既然你的生意又走上正轨了，更应该高瞻远瞩些。作为你的财务规划的一部分，你意识到应该对旅行车进行折旧——毕竟，你拥有它。

当我们对建筑物折旧时，使用的是什么方法？直线折旧法。

这是对建筑物折旧唯一能够使用的方法。但对于设备，可以选择折旧方法。你可以采用直线折旧法或加速折旧法。

对于那些过去几年一直对自己的资产进行折旧的人们而言，会发现联邦政府经常对折旧方法的公式进行调整。其中一种为双倍余额递减法，即2倍于直线折旧法的折旧基础，还有一种称为1.5倍余额递减法，即1.5倍于直线折旧法的折旧基础。

表 8-5

资 产			负 债	
现金			应付账款	$32.00
应收账款		$16.00	应付票据	$0.00
存货 原材料 $10.00		$10.00	负债合计	$32.00
存货 产成品 $0.00			所有者权益	
待摊费用		$2.00	初始投资	$5.00
固定资产——建筑物 $12 $1		$11.00	留存收益	$52.00
			本周盈利	
固定资产——设备		$20.00	所有者权益合计	
总资产			总负债及所有者权益	

会计学中有一种方法被称做**加速成本回收制度**（ACRS）。接着又出现了修订的加速成本回收制度（MACRS）。联邦政府经常修改一项资产的折旧年限及折旧率。就加速折旧法而言，在此我们建议使用双倍余额递减法。

一辆旅行车的使用年限有多少年？10年。

其购置成本是多少？20美元。

如果采用直线折旧法折旧，会发生什么？每年的折旧额是多少？2美元。直线折旧法的折旧率为每年2美元。

我们现在不采用直线折旧法，而采用双倍余额递减法。因此，第一年的折旧额是多少？4美元。

如果从旅行车的价值中减去4美元，在资产负债表中如何列示？减少固定资产的价值。

在以下的报表中反映该事项（见表8-6）。

表 8-6

资　产		负　债	
现金	$46.00	应付账款	$32.00
应收账款	$16.00	应付票据	$0.00
		负债合计	$32.00
存货　原材料 $10.00　产成品 $0.00	$10.00	**所有者权益**	
待摊费用	$2.00	初始投资	$5.00
固定资产 $12 $1　——建筑物	$11.00	留存收益	$52.00
		本周盈利	
固定资产 $20 　——设备	$16.00	所有者权益合计	
总资产		总负债及所有者权益	

因此，现在旅行车的价值是多少？16美元。

据我们所知，折旧是什么？一项费用。

费用对于盈利会产生怎样的影响？减少盈利。在对旅行车进行折旧后，将会对我们的盈利产生怎样的影响？减少盈利4美元。

将盈利减至多少？12美元。

这一事项会反映到现金流量表上吗？记住，不会。折旧是一项非付现费用。

它会反映到利润表上？是的，作为一项费用反映。

因此，第一年的折旧费用是4美元而非2美元。

折旧公式的关键在于折旧基数。

> 请记住：折旧是一项非付现费用。

旅行车的购置成本——或者说它的折旧基数是多少？20美元。

现在，我们减去了第一年的折旧额4美元，那么其新的折旧基数是多少？16美元。使用年限仍为10年。如果采用直线折旧法，若一项价值为16美元，使用年限为10年的资产，其折旧率是多少？每年1.6美元。在此基数上乘以2，得出双倍余额递减法下的折旧额为3.2美元。所以，第二年的折旧额为3.2美元。第三年的折旧基数是多少？12.8美元（16−3.2），直线折旧法第三年的折旧额是多少？1.28美元。在此基数上乘以2，为2.56美元。你可以观察到该方法的规律。第四年的折旧额为2.04。如果我们画张图，可以看到存在这样的规律：第一年4美元，第二年3.20美元，第三年2.56美元，第四年2.04美元……依此下去，你会得到一条曲线，如图8-1所示。

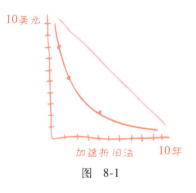

图 8-1

你的折旧额在最初的年份数额较大，在以后的年份里依次递减。这有好处吗？是的。从另一角度来看，这样可以减少当前的所得税。为什么？因为通货膨胀的原因，当前所得税的减少要比未来所得税的减少更好。

联邦政府总会让你采用加速折旧法，以便在其损耗完毕之前及时替代。它是政府通过鼓励公司买卖资产以刺激经济的方式。这便是采用加速折旧法的主要原因。

现在，我们来介绍最后一项影响公司财务状况的概念——**税收**。

根据本书的案例，我们仅关注于本周利润。你现在尚欠政府税款。本周的利润为12美元，所得税率为25%，因此计算得出应交所得税额是多少？3美元。

因而使盈利减至多少？9美元。

记住我们在此将税款作为一项负债，并非要支付它们。

现在，分别编制一份考虑所得税负债因素的本周资产负债表、利润表和现金流量表。

下面的报表是模仿真实公司编制的资产负债表，看自己是否能完成它（见表8-7）。

表 8-7

资　产		负　债	
现金	$＿＿	应付账款	$＿＿
应收账款	$＿＿	应付票据	$＿＿
存货	$＿＿	应交税金	$＿＿
待摊费用	$＿＿	负债合计	$＿＿
流动资产小计	$＿＿	**所有者权益**	
固定资产原值	$＿＿	初始投资	$＿＿
累计折旧	$＿＿	留存收益	$＿＿
固定资产净值	$＿＿	本周盈利	$＿＿
总资产	$＿＿	所有者权益合计	$＿＿
		总负债及所有者权益	$＿＿

现金、应收账款、存货及待摊费用均称为流动资产。流动资产是指一年内能够变现的资产。本表的流动资产总额为74美元。

当没有将固定资产与其折旧区分开来时，便通常采用三个项目来列示它们。"固定资产"原值是其购入成本总额，"累计折旧"表示自资产投入运营开始的次月累计计提的折旧额。"固定资产"净值是以上二者的差额——又被称为"固定资产账面净值"。将这三个数一一列示的优点在于方便比较累计折旧额和固定资产原值。从这一比较我们可以看出公司的固定资产的新旧情况。

本表的固定资产净值是多少？27美元。

总资产是多少？101美元。

负债总额，包括3美元的应交税金是多少？35美元。

所有者权益总额是多少？66美元。

报表平衡吗？是的。

在编制本周的利润表及现金流量表之前，让我们就本周的所有交易事项再回顾一遍：

本周交易事项如下：

花费20美元购入一辆移动柠檬汁售卖车。该车预计使用年限为10年。

购入更多的预制好的柠檬汁存货，价格升至30美元。

（但须记住该批存货只花费了21美元现金，其余9美元为赊账。）

总共销售了100杯柠檬汁，每杯售价50美分，销售收入总额为50美元。

你打算给自己发放4美元的薪酬。

采用加速折旧法（折旧率为直线折旧法的2倍）计提移动售卖车的折旧，包括了所有需要计提的第一年的折旧额。

税前净利润的所得税率为25%。

让我们浏览该利润表（见表8-8）。

销售收入是多少？50美元。

期初存货是多少？10美元。

原材料采购有多少？30美元。

可供销售的存货价值有多少？40美元。

期末存货价值有多少？10美元。资产负债表中还有些很可能已经腐烂掉的旧柠檬，我们要想办法处理已经烂掉的柠檬。

表 8-8

利润表	起始时间：星期一上午	截止时间：星期天下午	
销售收入			$ ____
期初存货	$ ____		
+原料采购	____		
可供出售的商品		$ ____	
-期末存货		____	
=商品销售成本			____
毛利=			____
费用			
•	____	____	
•	____	____	
=总费用			____
税前利润			____
所得税			____
净利润			$ ____

销售成本是多少？30美元。

本周毛利是多少？20美元。

费用项目各是多少？工资：4美元；折旧：4美元。

费用总额是多少？8美元。

因此，我们的税前利润为多少？12美元。

山姆大叔⊖拿去多少利润？3美元。

税后利润是多少？9美元。

现在，请填列本周的现金流量表（见表8-9）。

现金净流量为多少？增加了5美元。

⊖ 山姆大叔——是美国的绰号和拟人化形象，一般被描绘成身穿星条旗纹样的礼服，头戴星条旗纹样的高礼帽，身材高瘦，留着山羊胡子，鹰钩鼻，精神矍铄的老人形象。1961年，美国国会正式通过一项决议，确认"山姆大叔"为美国的象征。——译者注

表 8-9

现金流量表　第＿＿＿周		
现金的流入	$	
购置存货的现金流出		
购置固定资产的现金投资		
费用的现金支付		
现金流量净额		$
期初现金		+
期末现金		$

期初现金为41美元，所以，期末现金为46美元。请自己核对该数字。

我们又完成了一周的工作了！你做得非常棒！

你从柠檬汁的生意和会计的学习中获得了很多乐趣。但这并不足以让你放弃休假的权利，尤其是此时，家人们已经向着那些你最喜爱的度假胜地出发了！

记得寄张明信片给我们，好吗？

第 *9* 章

税金、清算

你和家人一起度过了一个非常愉快的假日旅行！一路上，你品尝了无数美味的甜品并在那些平日里爸爸妈妈根本不可能带你去的餐厅里用餐。你在宾馆里看了丰富的电视节目。沿途中，还有幸见到了各种各样的野生动植物，你将爸爸妈妈给的零花钱几乎全部用光，甚至连自己辛苦赚来且发誓绝不动用的卖柠檬汁的钱也花了一部分。

如今，你已回到家中。猜猜会怎样？——几周后，你就不得不返校上课了。暑假即将结束。

该是收拾好心情，准备读书、写作、做算术题的时候了！

因为学校就在你摆摊的拐弯处，你决心放弃柠檬汁的生意，至少今年夏天的生意就要结束了。这使你感到有些难过，但确实是到了停止营业、支付欠款并且完成最后的财务报表的时候了。

对于财务知识的初学者，让我们先阅读上一章的最后一张资产负债表，并根据税收的要求纠正它。为什么要这样做？因为我们还欠所得税款吗？是的。以下就是上一章的最后一张资产负债表（见表9-1），请复习一下。

上周的税前利润为12美元（即3美元的税金加上本周盈利9美元），留存收益为52美元。将税前利润加上留存收益，这个夏季我们的税前收益总额为64美元。假设所得税率为25%，那么，应交税金是多少？16美元。

现在，根据上面的所得税情况，完成以下新的资产负债表（见表9-2）。

我们打算留下那些仍放在冰箱里，看上去一点儿也不新鲜的、以前购入的柠檬吗？不可能！爸爸妈妈想马上把它们清理出去！

现在，我们需要学习一下另一种存货计价方法。它叫做先进入的却仍存在（FISH），意味着先购入的存货，仍然留存。那么，这种情况何时会发生？当然是存货已经烂得没人要了！

表 9-1

资　产			负　债	
现金		$46.00	应付账款	$32.00
			应付票据	$0.00
应收账款		$16.00	应交税金	$3.00
存货	原材料 $10.00 产成品 $0.00	$10.00	负债合计	$35.00
待摊费用		$2.00	**所有者权益**	
			初始投资	$5.00
固定资产 ——建筑物	$12 $1	$11.00	留存收益	$52.00
			本周盈利	$9.00
固定资产 ——设备	$20 $4	$16.00	所有者权益合计	$66.00
总资产		$101.00	总负债及所有者权益	$101.00

表 9-2

资　产			负　债	
现金		$46.00	应付账款	$32.00
			应付票据	$0.00
应收账款		$16.00	应交税金	
存货	原材料 $10.00 产成品 $0.00	$10.00	负债合计	
待摊费用		$2.00	**所有者权益**	
			初始投资	$5.00
固定资产 ——建筑物	$12 $1	$11.00	留存收益	
			本周盈利	
固定资产 ——设备	$20 $4	$16.00	所有者权益合计	
总资产		$101.00	总负债及所有者权益	

该如何处置这些已经腐烂的柠檬？扔掉它们。

没错。但在会计核算中，对这样的事项如何处理？需要在账面上对它们进行核销。

请继续完成如下报表（见表9-3）。

表 9-3

资 产		负 债	
现金	$46.00	应付账款	$32.00
		应付票据	$0.00
应收账款	$16.00	应交税金	
存货 原材料		负债合计	
产成品 $0.00		所有者权益	
待摊费用	$2.00	初始投资	$5.00
固定资产 ——建筑物 $12 $1	$11.00	留存收益	
		本周盈利	
固定资产 ——设备 $20 $4	$16.00	所有者权益合计	
总资产		总负债及所有者权益	

发现问题了吗？如果你在编制报表的过程中发现了问题，可能是应交税金出错了。为什么这样说？核销10美元的存货会影响所得税吗？是的。请填完下表，重新计算税前利润和所得税（见表9-4）（小数点精确到个位）。

表 9-4

核销前	
税前利润	25%的所得税率
$_____	$_____
核销后	
税前利润	25%的所得税率
$_____	$_____

现在有必要纠正上面的资产负债表。

现在的报表平衡了吗？是的。

在利润表中，如何对存货进行核销？你或许会说，"将它们费用化"——那现在的期末存货是多少？零。

我们打算对哪个项目进行核销而非将其费用化？期末存货。

将之减为零。因为这是一项商品销售成本，所以在存货项目中对此做核销。

因此，本周的利润表中，商品销售成本会更高而毛利会降低。

在过去几周的编制报表过程中，对于存货的计价一直都是在运用创造性的会计核算方法吗？是的。

我们可能虚增了资产吗？是的。

柠檬是不是正在腐烂？是的。

当它们腐烂时，你都知道吗？不一定。我们不知它们是在第二周、第三周还是第四周烂掉。那么，何时应该核销它们？确实比较难以确定。

在柠檬腐烂的时候，我们应该做什么？扔掉它们并在此刻从账面上核销它们，将它们的价值确认为一项损失。

若我们去拜访银行家们，不带上公司的财报，那么一般会发生什么状况？夸大了资产或虚增了资产的价值。

现在，夸大了价值多少的资产？10美元。

我们还夸大了什么项目？盈利。

因为我们应该将期末存货减至多少？零。很早之前就应该减至为零了。

倘若你的存货是那些装饰物或螺丝钉之类的不易腐烂的东西，将会发生什么？你想知道它们状态的好坏吗？如果你去仓库查看，你会发现什么？里面布满灰尘。还会发现什么？也许都是蜘蛛网。

如果你打算购买一家公司或贷款给一家公司，并且打算查看它们的存货，你可能会看到什么？满是灰尘和蜘蛛网。接着，你就会知道这些存货处于何种状态？它们是陈旧的。

还会知道什么？它们的销售状况肯定不太好！

现在，假设这就是你的公司，你想将之出售。你拥有这样的存货，打算如何处理？首先，肯定是清扫它们。

拿出吸尘器，移动货架上的存货确保每处灰尘都打扫干净。你希望它们变得整洁有序。

当你浏览资产负债表时，如何得出生意中的营运资金？通过计算。

如何获得应收账款的数字？通过检查账簿或是打电话给客户确认他们的欠款。

如何知道待摊费用的金额？阅读保险合同查看签订的日期。

对于柠檬汁摊位的情况呢？出去看看即可。

这些项目都非常容易获得，是吗？是的。

另一方面，当你打算购入或是出售一家公司时，其存货价值最难确定。此时，便需要寻求专家的帮助，因为很多人在确定各类存货价值方面通常都具有一定的经验。如果你打算购买或出售拥有存货类的公司，就需要寻找专家来帮助你确定它们的价值。

妈妈总是唠叨你把屋子弄得乱七八糟。尤其是你曾经企图出售房屋时。出售公司也同样。所以，让我们重新整理一遍资产负债表吧。

我们欠供应商多少钱？32美元。请付清它们。

并支付所得税14美元。

还有16美元的应收账款尚未收回。

并且，将保险取消，因此收回了预付的2美元的保费。

请编制完成这个夏季最后一份资产负债表（见表9-5）。

我们现在仍拥有5美元的初始投资及40美元的留存收益——所有者权益总额为45美元，但却仅剩下18美元的现金和应收账款。

对于这种教训，之前你已有所体会。你的所有者权益为45美元，却只剩下18美元的现金和应收账款。为什么会出现这种情况？**因为其中的27美元用在购买新的摊位及移动售货车上了。**

表　9-5

资　产			负　债	
现金			应付账款	
			应付票据	$0.00
应收账款			应交税金	
存货　原材料 $0.00　产成品 $0.00		$0.00	负债合计	
			所有者权益	
待摊费用			初始投资	$5.00
固定资产——建筑物 $12 $1		$11.00	留存收益	$40.00
			本周盈利	$0.00
固定资产——设备 $20 $4		$16.00	所有者权益合计	$45.00
总资产		$45.00	总负债及所有者权益	

明年我们的财务状况会好转吗？或者说我们应该将摊位及移动售货车清算出去吗？**这需要由你自己来做决定。**

如果你打算明年夏天继续经营这个售货摊，你就继续持有他们。当然，劣势是你仅有18美元的现金和应收账款——并不太多。

如果你决心清算这个摊位及售货车，就需要找到一位买主，可能会比较困难。这便是为何这两项资产被放置于固定资产项目最后的原因。一般来说，资产根据其流动性的快慢依次列示于资产负债表中。（流动性是指资产变现的速度。）

如果你以超过资产账面价值的价格将这些固定资产售出，你就需要确认出售资产的收益。如果它们以低于账面价值的价格被售出，就需要确认出售资产的损失。

现在，请编制完成这个夏季最后一张利润表（见表9-6）。为完成它，需要从本书前五周的利润表中获得信息。

表　9-6

柠檬汁摊整个夏季的最终累积利润表	起始时间：星期一上午	截止时间：星期天下午
销售收入		$ ☐
期初存货	$ ☐	
＋原料采购	☐	
＋直接人工		
可供出售的商品	$ ☐	
－期末存货		
＝商品销售成本		☐
毛利＝		
费用		
• 玻璃杯租金	☐	
• 广告费	☐	
• 场地租金	☐	
• 坏账	☐	
• 利息费	☐	
• 保险费	☐	
• 油漆费	☐	
• 顶棚维修费	☐	
• 折旧费	☐	
• 工资	☐	
＝总费用		☐
税前利润		☐
所得税（税率25%）		☐
税后利润		$ ☐

那么，编制完以上利润表，意味着我们的学习结束了吗？柠檬汁售卖摊的生意就此结束了吗？我们还拥有建立伟大商业帝国的梦想吗？并非如此。

在返校前，我们还需要就这个夏季的成就进行分析。

第10章

最后分析——增加利润

　　毫无疑问，我们用了整整一个夏季学到了很多会计知识。现在，让我们运用经营生意的经验，站在更高的层面来思考一些事情。一方面，我们有能力这样做；另一方面，这可以使我们通过实践经验加深会计游戏课程的学习。

　　迄今为止，我们已经在本书中学习了三大财务报表——资产负债表、利润表及现金流量表。我们学习了这些报表的构成、编制目的及它们之间的钩稽关系。我们也学习了如何区分费用与销售成本或服务成本。我们学习了权责发生制和收付实现制，服务类公司的会计核算、资本性支出、费用性支出、折旧、现金和收益。通览全书，我们一直关注的是什么？净利润。

　　既然现在你已经学习了以上这些会计知识，你或许会疑惑，我的柠檬汁售卖摊生意究竟经营得如何？如何对它做评价呢？

　　让我们通过回顾整个夏季的生意开始，你如何经营它？对它的经营状况有何感受？花些时间回忆一遍，并把它写在下面。

_____

_____

_____

对于什么事情你的处理方式会有所不同？

_____

_____

_____

　　你辛勤工作了吗？生意规模是否不断扩大？赚钱了吗？在经营的过程中，你做了什么对利润产生了积极的影响，又做了什么对它产生了负面影响？

————————————————————

————————————————————

————————————————————

————————————————————

　　许多事件的发生都会对利润产生影响。将如下内容与你自己所记录的做个比较：我们雇用了自己最好的朋友做广告而非亲自动手。我们决定亲手调制柠檬汁。接着，又雇用了姐姐进行调制——为这项劳动达成了一个恰当的价格吗？我们因度假而以成本价出售了部分存货——你是否曾想过放弃假期呢？我们向那些信用值得怀疑的朋友赊账售出了一些柠檬汁，事实证明这非常糟糕。我们因借款而不得不偿还利息。我们选择了后进先出法因而产生了利润降低的错觉。我们购买了需要维修及计提折旧的固定资产。我们购入了预制好的柠檬汁因而花费的成本比自己动手调制更高。我们决心趁着垒球比赛的机会开展一项新业务。我们在球场附近的公园小店购买的预制柠檬汁价格更高。因此，当拥有的现金余额不足时，通过谈判成功地赊账购入。我们忘记使用了一些柠檬以至于它们腐烂了。

　　以上所有这些事项均影响着我们的利润。

　　你可以做得更好吗？既然你已经回顾了生意的全过程，你认为本夏季在生意经营方面有什么让你感到遗憾的地方？

　　这个问题非常有实际意义。无论你自己经营公司还是一名公司的雇员，你的行为都会影响到公司的利润吗？事实上，组织中每个人的行为对公司的盈利都将产生影响吗？

　　你所在的公司是否盈利对你个人有影响吗？是如何影响的？

————————————————————

————————————————————

你多久才会思考自己的行为和决策会对利润产生影响？
每天？每周？每月？每年？还是从不？

这对于公司的盈利意味着什么？盈利会带来什么益处？

你所在的部门或公司有什么决策对利润产生了影响？

本书中，我们一直围绕着利润讨论，所以你可能会觉得三大财务报表中，利润表最能清楚地反映出利润的产生。但上一章的内容告诉我们，日常经营的运作依靠的是现金而非利润。所以，哪个更重要——现金还是利润？现金保证了公司的运作，利润是公司经营的最终目标。但利润表中甚至不能反映出现金流的状况。所有这一切是否会使人感到疑惑？如果你感觉到了，那非常好。请使自己置身于这样一种矛盾的境地并且去体验一会儿这种不舒服的感觉。置身于这样一种自相矛盾的环境并能成功地解决这种冲突，是经营管理过程中领导艺术的体现。

出现这种情况的部分原因在于我们中的许多人并未理解利润的真正含义。从上一章的内容我们得知现金的意义，它是有形的且可计量。利润也可以计量，但它却不真实——仅仅存在于理论中。

我敢打赌这些可能会让你一时难以明白。我所指的它并不真实，这究竟意味着什么？

让我们从柠檬汁摊的案例中来举例说明。在第二周我们售出了一些柠檬汁并取得了盈利。这当然可计量，在编制的财务报表中反映了该交易。但接着欠我们4美元的一个客户离开了镇子（或者他破产了），因而4美元的盈利变得荡然无存。所以即使你现在拥有利润，有可能明天它们就消失了。

本夏季末，我们尚有价值10美元的已经腐烂的柠檬。我们不得不将它们扔掉，这样又损失了10美元。

设想若移动售货车坏了或是我们放弃了在规模如此小的棒球赛期间售卖柠檬汁的计划，又会发生什么？做生意总会出错，但是应该在风险开始发生之时就想办法阻止。倘若如此，我们就会将20美元的移动售货车核销，这又是一项损失除非我们为它找到了买主。

利润额能够较容易且可明确计量，所以它在商业中被用做客观衡量商业经营管理效率、生产力及创新能力的指标。同时，利润也非常容易流失，所以公司领导者不断追求公司的利润率并且总是非常渴望招收到那些能够使公司利润获得最大化的员工。

但许多雇员并未真正理解利润指标，因而不知道采取何种措施来指导其行为和决策。

为了找到该问题的答案，让我们回到反映净利润的利润表中。在利润表中，影响利润的三大主要因素是什么？

_____

_____

_____

_____

利润并非真实是因为它仅存在于账面上。若询问任何一家公司，让他们给你展示利润，恐怕没有任何一个能够做到。他们可以给你出示的是资产——现金、存货、固定资产等。当公司盈利或亏损时，这些资产也相应的增加或减少。

销售收入、销售（服务）成本及费用是影响利润的三大因素。利润的定义为销售收入超过提供商品或服务的成本及公司经营费用的差额。公司的销售收入衡量了顾客愿意花费多少（现金）去购买其产品或服务。两大成本项目衡量了公司员工在决策及经营管理方面的动机和效率。

通过考察该三大影响利润的因素，你打算如何提高利润水平？

_____

_____

_____

_____

通常的答案都会从增加销售收入及降低销售（服务）成本和费用两方面考虑。众所周知，这不是绝对的。我们并不想提高一个边际利润率低的产品的销售收入，同时如果盲目追求低成本就无法满足开发新产品对成本的增加需求。若我们正在启动一项新的产品线，或许希望增加成本及费用。

如果你从事产品线的开发工作或就职于某行政部门，会怎样管理自己的行为决策？

这当然要从销售收入、销售成本及费用着手，但是这些原始的数据会给我们的分析制造一些麻烦。查阅本夏季的柠檬汁售卖摊的财务数据，思考一下若仅仅使用这些原始数据能否发现问题。

既然我们在第三周人为地剔除了一些费用，以下报表只能对第一、二、四周及第五周的数据进行比较（见表10-1）。

表　10-1

趋势分析			
第一周	第二周	第四周	第五周
销售收入　25	32	50	50
销售成本　10	15	20	30
费用　5	7	6	8
净利润　10	10	24	12

问题在于每周的数据都不稳定——呈波动变化。这些波动变化的数据产生的原因有多个方面——季节波动（夏季柠檬汁的销售要好于冬季）、正常的商业周期、市场活动的影响等。

为了消除数字的波动以便取得更可比的数据，我们能够做什么？

_____

_____

_____

_____

我们希望你的答案是使用比例或比率。这样，不需考虑数据是增加还是减少，始终都能够通过成本销售收入比率、费用销售收入比率以及净利率来做比较。让我们以第五周的数据为例。第五周销售收入为50美元，销售成本为30美元，费用为8美元，净利润为12美元（税前）。

这三个比率分别如下：

成本销售收入比=30/50=0.60或60%

费用销售收入比=8/50=0.16或16%

净利率=12/50=0.24或24%

这些数据意味着什么？为获得每1美元的销售收入将花费60美分的成本及16美分的营业费用，赚取的净利润是24美分。

但是这些数据表示好还是不好？我们需要进一步的比较。我们与什么做比较呢？

_____

_____

首先，是我们的竞争对手。由于不同的产业及不同类型的业务有着不同的比率，通过将我们的数据与相应的竞争对手数据做比较相当重要。

如何获得竞争对手的数据以便进行竞争力分析？仅仅打个电话就能获得他们的比率吗？不可能。这需要通过查询图书或互联网进行研究——因为一些公司记录了其工业指标及标准。邓白氏公司（D&B）及罗氏公司（RM&A）是两大拥有关键指标及工业数据标准的公司。

将这些数据与竞争对手做比较，我们还需要将之与谁做比较呢？我们自己。

如何进行自我比较？让我们以芝加哥公牛队为例。如果他们赢了某单场比赛，说明了什么？当然，我们会非常高兴（如果我们是该队的粉丝），但一场比赛的胜利能够说明他们一直是一支优秀的队伍吗？如果他们输了呢？这又能说明他们是一支糟糕的球队吗？

关键在于，我们无法仅从一场比赛的输赢分辨出什么。那么什么能够告诉我们更多？一个赛季的比赛能够更好地说明问题。但判断整个球队好坏的最佳指标是几个赛季的赛事，即它的趋势。

在商业中，我们称这类分析为"**趋势分析**"。

本书中，我们将每个星期作为会计期间。在实际中，趋势分析采用年度作为分析期间。因此，现在我们采用四个星期当做年度来做分析，这仅是为了告诉你如何进行趋势分析。由于第三周没有发生费用，我们不考虑其数据，仅观察第一、二、四周及第五周的数据。

以下趋势分析表是对销售收入、销售成本、费用及净利润所做的分析。同时也对三大比率，即成本销售收入比率、费用销售收入比率及净利率做了比较分析（见表10-2）。

现在，运用标准比率，参照该趋势分析表，回答如下问题：

1. 我们盈利了吗？ ＿＿＿＿＿＿

2. 净利率的变动趋势，是上升还是下降？ ＿＿＿＿＿＿

表　10-2

趋势分析			
	第一周	第二周	第四周	第五周
销售收入	25	32	50	50
销售成本	10	15	20	30
费用	5	7	6	8
净利润	10	10	24	12
成本销售收入比率	10/25=0.4	15/32=0.47	20/50=0.4	30/50=0.6
费用销售收入比率	5/25=0.2	7/32=0.22	6/50=0.12	8/50=0.16
净利润销售收入比率	10/25=0.4	10/32=0.31	24/50=0.48	12/50=0.24

3. 如果净利率呈下降趋势，相应地，成本销售收入比率和费用销售收入比率中的一个或二者都会对此有所反映吗？ ＿＿＿＿＿＿

4. 经营中发生了什么，导致了问题的出现？

_____

_____

5. 作为公司的领导者，你是如何解决问题的？

_____

_____

_____

_____

让我们就以上问题一一作答。这个夏季，我们确实每周都有盈利。但是，净利率却从0.4降至0.24，这的确是个问题。再观察两个成本指标，会发现除了费用销售收入比率有点儿波动，这两个指标在四周的时间内相当稳定。

为什么会出现这样的问题？很明显，你从球场附近的公园杂货店购入的柠檬汁价格要高于你平时进货的小店。进一步分析，在开始一项新的业务时，你比较轻率，没有预先做好规划。当你打算在球场附近经营柠檬汁售卖摊时，也没有就此做个规划。购买设备几乎使你的生意破产，当然间接地影响了利润。在购入新存货上也缺乏计划，现金的短缺限制了你对供应商的选择以及与新的杂货店的价格谈判能力。最终，你没能意识到在赛场上，人们通常更愿意出高价购买饮料而没有相应地提高你的柠檬汁售价，而这可以弥补因购入成本的提高而导致的利润的降低。经过这番分析，你应该清楚地知道自己之前应该怎样操作了。

你认为当一名咨询师怎样？通过柠檬汁摊的生意，你已经变得非常有商业头脑了，不是吗？你将为拥有一些分析工具而感到无比愉悦，因为利用它们能够对你的公司及其他公司的盈利能力进行分析，并发现那些如何提高利润的关键问题。现在，你可以回去查看刚才记录的影响利润的列表并按照优先顺序将它们重新整理一遍，看看哪些决策可能你会做得和以前有所不同。

至此，我们仍需要完成会计游戏的课程学习。为了完成它，请进行下面的学后测验。你会发现与之前的学前测验一模一样。但我们保证你的得分肯定会大大提高！花几分钟时间完成它。当你做完测验时，本书最后有测验的答案——包括了学前及学后测验。

最后，为你所学到的知识而庆祝吧！

1. 下面哪个项目不在资产负债表中列示?

    A. 现金   B. 毛利

    C. 资产   D. 负债

2. 以下哪个会计核算制度最能准确地反映盈利能力?

    A. 收付实现制   B. 资金流量核算制

    C. 权责发生制

3. 应收账款是:

    A. 一项资产   B. 所有者权益

    C. 一项负债

4. 以下哪项对企业的日常经营最重要?

    A. 资产   B. 留存收益

    C. 现金

5. 当人们说到利润表的"底线值"时,指的是:

    A. 净利润   B. 毛利率

    C. 毛利

6. 待摊费用是:

    A. 一项资产   B. 所有者权益

    C. 一项负债

7. 后进先出法或先进先出法是关于什么方面的方法?

A. 存货的计量　　　　B. 利润比率

C. 融资

8. 以下哪项是利润表中的项目?

A. 费用　　　　　　　B. 固定资产

C. 负债

9. 企业经营时,以下哪项费用支出不会影响现金流状况?

A. 租赁费　　　　　　B. 广告费

C. 折旧费

10. 以下哪个公式是会计基本等式?

A. 净值=资产+利润

B. 毛利−销售收入=毛利率

C. 资产=负债+所有者权益

现在,还有最后一件事。本学期末你会得到什么? 一个证书。

本书的最后一页就是你获得的证书,它意味着你已经成功地完成了会计游戏课程的学习。

填好它,卷起来,放在你的书桌旁、挂在你的冰箱上或是放在你床前的相框里。为自己感到骄傲吧,明年的夏天再来感受一下真实的柠檬汁售卖摊吧!

答案

第1章

第13页

$$50个柠檬（每个20美分）=10美元$$

$$5磅白糖（每磅40美分）=2美元$$

$$2加仑水免费$$

$$总共购入额=12美元$$

第15页

50个柠檬（每个20美分）	10美元
5磅白糖（每磅40美分）	2美元
+2加仑水	免费
60杯柠檬汁	=12美元

第15页

$$\frac{产品成本12美元}{60杯柠檬汁}=单位成本每杯0.2美元$$

第17页

销售收入	25美元
销售成本（50杯柠檬汁每杯20美分）	−10美元
毛利（迄今为止的盈利）	15美元

第19页

玻璃杯租金	2美元
广告费	1美元
场地租金	2美元
总费用=	5美元

第2章

第28页

销售收入	25美元
−销售成本	10美元
毛利	15美元
−费用	5美元
净利润	10美元

第3章

表 3-4

资 产		负 债	
		应付票据	$50.00
		负债合计	$50.00
现金	$63.00	**所有者权益**	
		初始投资	$5.00
		留存收益	$10.00
存货	$2.00	本周盈利	$0.00
		所有者权益合计	$15.00
总资产	$65.00	总负债及所有者权益	$65.00

表　3-5

资　产		负　债	
		应付票据	$50.00
现金	$65.00	负债合计	$50.00
		所有者权益	
		初始投资	$5.00
		留存收益	$10.00
存货	$0.00	本周盈利	$0.00
		所有者权益合计	$15.00
总资产	$65.00	总负债及所有者权益	$65.00

表　3-6

资　产		负　债	
		应付账款	$4.00
		应付票据	$50.00
现金	$65.00	负债合计	$54.00
		所有者权益	
		初始投资	$5.00
		留存收益	$10.00
存货	$4.00	本周盈利	$0.00
		所有者权益合计	$15.00
总资产	$69.00	总负债及所有者权益	$69.00

表 3-7

资 产		负 债	
		应付账款	$4.00
		应付票据	$50.00
现金	$45.00	负债合计	$54.00
		所有者权益	
		初始投资	$5.00
		留存收益	$10.00
存货	$24.00	本周盈利	$0.00
		所有者权益合计	$15.00
总资产	$69.00	总负债及所有者权益	$69.00

第4章

表 4-1

资 产			负 债	
			应付账款	$4.00
			应付票据	$50.00
现金		$44.00	负债合计	$54.00
			所有者权益	
			初始投资	$5.00
存货	原材料 $12.00	$25.00	留存收益	$10.00
	产成品 $13.00		本周盈利	$0.00
			所有者权益合计	$15.00
总资产		$69.00	总负债及所有者权益	$69.00

表 4-3

资 产		负 债	
		应付账款	$4.00
现金	$64.00	应付票据	$50.00
		负债合计	$54.00
		所有者权益	
应收账款	$10.00	初始投资	$5.00
		留存收益	$10.00
存货 原材料 $12.00	$12.00	本周盈利	$17.00
产成品 $0.00		所有者权益合计	$32.00
总资产	$86.00	总负债及所有者权益	$86.00

表 4-4

资 产		负 债	
		应付账款	$4.00
现金	$64.00	应付票据	$50.00
		负债合计	$54.00
		所有者权益	
应收账款	$6.00	初始投资	$5.00
		留存收益	$10.00
存货 原材料 $12.00	$12.00	本周盈利	$13.00
产成品 $0.00		所有者权益合计	$28.00
总资产	$82.00	总负债及所有者权益	$82.00

表 4-5

资　产		负　债	
		应付账款	$4.00
现金	$37.00	应付票据	$25.00
		负债合计	$29.00
		所有者权益	
应收账款	$6.00	初始投资	$5.00
		留存收益	$10.00
存货　原材料 $12.00　产成品 $0.00	$12.00	本周盈利	$11.00
		所有者权益合计	$26.00
总资产	$55.00	总负债及所有者权益	$55.00

表 4-7

资　产		负　债	
现金	$34.00	应付账款	$4.00
		应付票据	$25.00
应收账款	$6.00	负债合计	$29.00
		所有者权益	
存货　原材料 $12.00　产成品 $0.00	$12.00	初始投资	$5.00
		留存收益	$10.00
待摊费用	$2.00	本周盈利	$10.00
		所有者权益合计	$25.00
总资产	$54.00	总负债及所有者权益	$54.00

表　4-11

利润表　　　起始时间：星期一上午　截止时间：星期天下午		
销售收入		$32.00
期初存货	$2.00	
+原料采购	$24.00	
+人工成本	$1.00	
可供出售的商品		$27.00
−期末存货		$12.00
=商品销售成本		$15.00
毛利=		$17.00
费用		
•　坏账	$4.00	
•　利息费用	$2.00	
•　保险费	$1.00	
=总费用		$7.00
净利润（毛利−费用）		$10.00

表　4-12

利润表　　　起始时间：星期一上午　截止时间：星期天下午		
销售收入		$22.00
期初存货	$0.00	
+原料采购	$20.00	
+人工成本	$1.00	
可供出售的商品		$21.00
−期末存货		$0.00
=商品销售成本		$21.00
毛利=		$1.00
费用		
•利息费用	$2.00	
•保险费	$3.00	
=总费用		$5.00
净利润（毛利−费用）		−$4.00

第6章

表6-1　第三周期初资产负债表

资　产		负　债	
		应付账款	$4.00
现金	$34.00	应付票据	$25.00
		负债合计	$29.00
应收账款	$6.00	**所有者权益**	
存货　原材料 $12.00 —— 产成品 $0.00	$12.00	初始投资	$5.00
		留存收益	$20.00
待摊费用	$2.00	本周盈利	$0.00
		所有者权益合计	$25.00
总资产	$54.00	总负债及所有者权益	$54.00

第96页

采用先进先出法的制作成本为：12.00美元。

表6-6　先进先出法下的利润表

利润表	起始时间：星期一上午　截止时间：星期天下午	
销售收入		$30.00
期初存货	$12.00	
+原料采购	$20.00	
可供出售的商品		$32.00
一 期末存货		$20.00
=商品销售成本		$12.00
毛利=		$18.00
总费用		$0.00
净利润		$18.00

第102页

采用后进先出法的制作成本为：22美元。

表 6-9

资 产		负 债	
现金	$59.00	应付账款	$24.00
		应付票据	$25.00
应收账款	$11.00	负债合计	$49.00
		所有者权益	
存货 原材料 $10.00	$10.00	初始投资	$5.00
产成品 $0.00		留存收益	$20.00
待摊费用	$2.00	本周盈利	$8.00
		所有者权益合计	$33.00
总资产	$82.00	总负债及所有者权益	$82.00

表 6-10

利润表	起始时间：星期一上午 截止时间：星期天下午	
销售收入		$30.00
期初存货	$12.00	
+原料采购	$20.00	
可供出售的商品		$32.00
-期末存货		$10.00
=商品销售成本		$22.00
毛利=		$8.00
总费用		$0.00
净利润		$8.00

第105页

	先进先出法	后进先出法
销售收入	$30.00	$30.00
销售成本（已售商品成本）	$12.00	$22.00
利润	$18.00	$8.00
期末存货	$20.00	$10.00

第7章

表 7-2

资　产		负　债	
现金	$64.00	应付账款	$24.00
		应付票据	$25.00
		负债合计	$49.00
应收账款	$6.00	所有者权益	
存货　原材料 $10.00 产成品 $0.00	$10.00	初始投资	$5.00
		留存收益	$28.00
待摊费用	$2.00	本周盈利	$0.00
		所有者权益合计	$33.00
总资产	$82.00	总负债及所有者权益	$82.00

表 7-6

资　产		负　债	
现金	$52.00	应付账款	$26.00
应收账款	$6.00	应付票据	$25.00
		负债合计	$51.00
存货　原材料 $10.00 产成品 $0.00	$10.00	所有者权益	
待摊费用	$2.00	初始投资	$5.00
		留存收益	$28.00
固定资产	$12.00	本周盈利	−$2.00
		所有者权益合计	$31.00
总资产	$82.00	总负债及所有者权益	$82.00

表　7-8

资　产		负　债	
现金	$32.00	应付账款	$27.00
		应付票据	$25.00
应收账款	$6.00	负债合计	$52.00
存货 原材料 $10.00 产成品 $20.00	$30.00	**所有者权益**	
		初始投资	$5.00
待摊费用	$2.00	留存收益	$28.00
		本周盈利	−$3.00
固定资产	$12.00	所有者权益合计	$30.00
总资产	$82.00	总负债及所有者权益	$82.00

表　7-9

现金流量表　第＿＿＿周	
现金的流入	+$5.00 应收账款
购置存货的现金流出	−$20.00 购入预制柠檬汁
购置固定资产的现金投资	−$10.00 摊位及土地
费用的现金支付	−$2.00 油漆
现金流量净额	
期初现金余额	+ $59.00
期末现金余额	

表 7-13

现金流量表　第＿＿＿周	
现金的流入	+$5.00+$40.00
购置存货的现金流出	−$20.00−$4.00
购置固定资产的现金投资	−$10.00
费用的现金支付	−$2.00−$2.00
偿还借款	−$25.00
现金流量净额	
期初现金余额	+ $59.00
期末现金余额	

表 7-14

资 产			负 债	
现金		$41.00	应付账款	$23.00
			应付票据	$0.00
应收账款		$16.00	负债合计	$23.00
存货	原材料 $10.00	$10.00	**所有者权益**	
	产成品 $0.00		初始投资	$5.00
待摊费用		$2.00	留存收益	$28.00
			本周盈利	$24.00
固定资产		$11.00	所有者权益合计	$57.00
总资产		$80.00	总负债及所有者权益	$80.00

表 7-16

现金流量表 第＿＿＿周		
现金的流入	+$5.00+$40.00	
购置存货的现金流出	−$20.00−$4.00	
购置固定资产的现金投资	−$10.00	
费用的现金支付	−$2.00−$2.00	
偿还借款	−$25.00	
现金流量净额（+45−63）		−$18.00
期初现金余额		+ $59.00
期末现金余额		$41.00

表 7-17

利润表 起始时间：星期一上午 截止时间：星期天下午			
销售收入			$50.00
期初存货	$10.00		
+原料采购	$20.00		
可供出售的商品		$30.00	
−期末存货		$10.00	
=商品销售成本			$20.00
毛利=			$30.00
费用			
• 油漆费	$2.00		
• 顶棚维修费	$1.00		
• 利息费	$2.00		
• 折旧费	$1.00		
=总费用			$6.00
净利润			$24.00

第8章

表 8-1

资 产		负 债	
现金	$41.00	应付账款	$23.00
		应付票据	$0.00
应收账款	$16.00	负债合计	$23.00
存货 原材料 $10.00 / 产成品 $0.00	$10.00	**所有者权益**	
		初始投资	$5.00
待摊费用	$2.00	留存收益	$52.00
		本周盈利	$0.00
固定资产 $12 $1	$11.00	所有者权益合计	$57.00
总资产	$80.00	**总负债及所有者权益**	$80.00

表 8-3

资 产		负 债	
现金	$0.00	应付账款	$32.00
		应付票据	$0.00
应收账款	$16.00	负债合计	$32.00
存货 原材料 $10.00 / 产成品 $30.00	$40.00	**所有者权益**	
待摊费用	$2.00	初始投资	$5.00
固定资产 $12 $1 ——建筑物	$11.00	留存收益	$52.00
		本周盈利	$0.00
固定资产——设备	$20.00	所有者权益合计	$57.00
总资产	$89.00	**总负债及所有者权益**	$89.00

表　8-4

资　产		负　债	
现金	$50.00	应付账款	$23.00
应收账款	$16.00	应付票据	$0.00
		负债合计	$32.00
存货　原材料 $10.00 　　　产成品 $0.00	$10.00	所有者权益	
待摊费用	$2.00	初始投资	$5.00
固定资产 ——建筑物　$12　$1	$11.00	留存收益	$52.00
		本周盈利	$20.00
固定资产——设备	$20.00	所有者权益合计	$77.00
总资产	$109.00	总负债及所有者权益	$109.00

表　8-5

资　产		负　债	
现金	$46.00	应付账款	$32.00
应收账款	$16.00	应付票据	$0.00
		负债合计	$32.00
存货　原材料 $10.00 　　　产成品 $0.00	$10.00	所有者权益	
待摊费用	$2.00	初始投资	$5.00
固定资产 ——建筑物　$12　$1	$11.00	留存收益	$52.00
		本周盈利	$16.00
固定资产——设备	$20.00	所有者权益合计	$73.00
总资产	$105.00	总负债及所有者权益	$105.00

表 8-6

资　产		负　债	
现金	$46.00	应付账款	$32.00
应收账款	$16.00	应付票据	$0.00
存货 原材料 $10.00 产成品 $0.00	$10.00	负债合计	$32.00
		所有者权益	
待摊费用	$2.00	初始投资	$5.00
固定资产——建筑物 $12 $1	$11.00	留存收益	$52.00
		本周盈利	$12.00
固定资产——设备 $20 $4	$16.00	所有者权益合计	$69.00
总资产	$101.00	总负债及所有者权益	$101.00

表 8-7

资　产		负　债	
现金	$46.00	应付账款	$32.00
应收账款	$16.00	应付票据	$0
存货	$10.00	应交税金	$3.00
待摊费用	$2.00	负责合计	$35.00
流动资产小计	$74.00	所有者权益	
固定资产原值	$32.00	初始投资	$5.00
累计折旧	$5.00	留存收益	$52.00
固定资产净值	$27.00	本周盈利	$9.00
		所有者权益合计	$66.00
总资产	$101.00	负债及所有者权益	$101.00

表 8-8

利润表　　起始时间：星期一上午　截止时间：星期天下午			
销售收入			$50.00
期初存货	$10.00		
+原料采购	$30.00		
可供出售的商品		$40.00	
-期末存货		$10.00	
=商品销售成本			$30.00
毛利=			$20.00
费用			
• 工资	$4.00		
• 折旧费	$4.00		
=总费用			$8.00
税前利润			$12.00
所得税			$3.00
净利润			$9.00

表 8-9

现金流量表　第____周	
现金的流入	+$50.00
购置存货的现金流出	−$21.00
投资支出	−$20.00
费用的现金支付	−$4.00
现金流量净额	+$5.00
期初现金	+$41.00
期末现金	$46.00

第9章

表 9-2

资 产		负 债	
现金	$46.00	应付账款	$32.00
		应付票据	$0.00
应收账款	$16.00	应交税金	$16.00
存货 原材料 $10.00 / 产成品 $0.00	$10.00	负债合计	$48.00
待摊费用	$2.00	所有者权益	
		初始投资	$5.00
固定资产 ——建筑物 $12 $1	$11.00	留存收益	$48.00
		本周盈利	$0.00
固定资产 ——设备 $20 $4	$16.00	所有者权益合计	$53.00
总资产	$101.00	总负债及所有者权益	$101.00

第159页

核销前：

税前利润	所得税额（税率25%）
$64	$16

核销后：

税前利润	所得税额（税率25%）
$54	$13.5（四舍五入至14）

表　9-3

资　产			负　债	
现金		$46.00	应付账款	$32.00
应收账款		$16.00	应付票据	$0.00
存货	原材料 $0.00	$0.00	应交税金	$14.00
	产成品 $0.00		负债合计	$46.00
待摊费用		$2.00	所有者权益	
固定资产——建筑物	$12 $1	$11.00	初始投资	$5.00
			留存收益	$40.00
固定资产——设备	$20 $4	$16.00	本周盈利	$0.00
			所有者权益合计	$45.00
总资产		$91.00	总负债及所有者权益	$91.00

表　9-5

资　产			负　债	
现金		$18.00	应付账款	$0.00
应收账款		$0.00	应付票据	$0.00
存货	原材料 $0.00	$0.00	应交税金	$0.00
	产成品 $0.00		负债合计	$0.00
待摊费用		$0.00	所有者权益	
固定资产——建筑物	$12 $1	$11.00	初始投资	$5.00
			留存收益	$40.00
固定资产——设备	$20 $4	$16.00	本周盈利	$0.00
			所有者权益合计	$45.00
总资产		$45.00	总负债及所有者权益	$45.00

表 9-6

柠檬汁摊整个夏季的最终累积利润表	起始时间：星期一上午	截止时间：星期天下午
销售收入(25+32+30+50+50)		$187.00
期初存货	$0.00	
+原料采购 (12+4+20+20+20+30)	$106.00	
直接人工	$1.00	
可供出售的商品	$107.00	
−期末存货		$0.00
=商品销售成本		$107.00
毛利=		$80.00
费用		
• 玻璃杯租金	$2.00	
• 广告费	$1.00	
• 场地租金	$2.00	
• 坏账	$4.00	
• 利息费	$4.00	
• 保险费	$1.00	
• 油漆费	$2.00	
• 顶棚维修费	$1.00	
• 折旧费	$5.00	
• 工资	$4.00	
=总费用		$26.00
税前利润		$54.00
所得税（税率25%）		$14.00
净利润		$40.00

第10章

第172~173页

1. 是的。

2. 下降趋势。

3. 商品销售成本。

4. 我们不得不在球场公园的附近的小店购入价格更高的柠檬汁。这里的问题在于缺乏规划。

5. 对于采购，做更好的规划。对于购买移动售货车以及去赛场卖柠檬汁是随兴所至。即使最后证明这是一项好的商业决策，但缺乏计划导致了两大问题的出现：（1）没有足够的现金流；（2）更高的销售成本导致了更低的净利润。

学前及学后测验题答案

1.B	6.A
2.C	7.A
3.A	8.A
4.C	9.C
5.A	10.C

词汇表

A

accelerated depreciation　加速折旧
是指在固定资产折旧年限内，前期折旧率及折旧费用大于后期的方法。

accounting　会计　通常被称为商业语言，以货币为主要计量单位，采用一系列专门的方法和程序，对经济交易或事项进行连续、系统、综合的计量、反映及报告并从财务角度上，诠释了经营活动的各个方面。

accounting equation　会计等式　资产=负债+所有者权益，会计核算应当遵循这一等式。

accounts payable　应付账款　因购买材料、商品和接受劳务供应等而产生的欠款。

accounts receivable　应收账款　因销售商品、材料或提供劳务等业务，应向购货方或接受劳务方收取的款项。

accrual　权责发生制　收付实现制的对称，是指在会计核算中，以经济权利、责任为标准，确定本期收益和费用的一种制度。按照权责发生制原则，凡是本期已经实现的收入和已经发生或应当负担的费用，不论其款项是否已经收付，都应作为当期的收入和费用处理；凡是不属于当期的收入和费用，即使款项已经在当期收付，都不应作为当期的收入和费用。在权责发生制下，净利润是收入与费用的差额，而非现金量净额。

ACRS　加速成本收回制度。

amortization　分期偿付　是指在一个期间分期偿还一项负债的过程。

assets　资产　在会计学中是指企业拥有或者控制的能以货币计量的

经济资源,包括各种财产、债权和其他权利。

B

balance sheet 资产负债表 是指在一个给定日期（通常是期末），显示的公司的资产、负债及所有者权益状况。会计基本等式：资产=负债+所有者权益必须恒等。

beginning inventory 期初存货 在一个会计期间初始时，所拥有的存货价值。

C

capitalization 资本化 将那些在一年之内不能完全消耗的成本计入固定资产的价值中。

cash 现金 库存现金及银行存货。

cash flow 现金流量 公司的现金流动情况：现金流入与现金流出的净额。

cost of goods sold 商品销售成本 是指在一个会计期间内将期初存货加上新购入存货、人力成本及其他涉及产品生产的成本再减去相应的期末存货所得的数值。

current assets 流动资产 现金或一年之内可变现的资产。

current liabilities 流动负债 一年之内必须偿还的负债。

D

depreciation 折旧 因磨损、损耗及陈旧过时原因而指定期将固定资产的价值根据特定的方法计提至成本费用中，使得固定资产的账面净值不断减少。

E

earnings year-to-date 本年利润 本年赚取的尚未分配的利润。

ending inventory 期末存货 在一个会计期间期末时，所拥有的存货价值。

equities 权益 包括两类，即所求权及资产。债权人的索求权称为负债，资产所有者的索求权称为所有者权益。

expenditures 资本支出 与资本化的定义相同。

expenses 费用 除了产品生产以外的所有支出。费用导致了所有者权益及本年利润的减少。

F

FIFO 先进先出法 一种存货计价方法，假定先购入的商品先领用或发出。

fixed assets 固定资产 企业所拥有的土地、厂房、设备等一般不用做出售目的的资产，能够被长期反复使用。

G

gross profit 毛利 销售（营业）收入与相应的商品销售成本（营业成本）的差额。

I

income statement　**利润表**　反映企业在一段期间内的收入及费用情况，二者的差额即为利润或损失。

intangible assets　**无形资产**　指专利、商誉、商标及特许权。

inventory　**存货**　对原材料、在产品及产成品的统称。

investment tax credit　**投资税收抵免**　政府因鼓励资本支出而采取的税收奖励政策。

L

lease　**租约**　一个租赁合同。

liabilities　**负债**　需要支付的债务。

LIFO　**后进先出法**　一种存货计价方法，假定后购入的商品先发出或领用。

liquidity　**流动性**　资产变现能力的强弱。

long-term liabilities　**长期负债**　本年度不需要偿还的负债，如抵押贷款。

N

net profit　**净利润**　即为净收益，毛利与费用的差额。

O

on account　**赊购赊销**　作为购买方而言形成应付账款，作为销售方而言形成应收账款。

original investment　**初始投资**　建立公司的启动资金。

owners equity　**所有者权益**　所有者对资产的索求权，为总资产减去总负债之后的余额。

P

P&L statement　**P&L表**　同利润表。

prepaid expenses　**待摊费用**　预先支付的费用，但支付时，企业尚未收益，应根据收益期间分期摊入费用。

profit　**净利润**　利润表的"最后一栏"，为销售收入与所有成本、费用包括税金相减之后的余额。

R

retained earnings　**留存收益**　公司自营业以来累积的尚未分配的净利润。

S

straight line depreciation　**直线折旧法**　将资产的应折旧金额均匀地分摊到该项资产的各个使用期间的一种折旧方法。

T

tax liabilities　**应交税金**　欠政府的税款。

V

variable costs　**变动成本**　与销售额直接相关的费用，例如，产品制造的人工成本、原材料及销售成本。

关于作者

达雷尔·穆利斯（Darrell Mullis）

达雷尔·穆利斯作为教育探索公司的培训与开发部经理长达12年。他主要教授教育探索公司的学习技巧，并为培训者开发出一套培训教程。穆利斯通过300多个成功的会计游戏研讨班，为数千名美国人进行了财务知识的培训。

朱迪丝·奥洛夫（Judith Orloff）

在过去的25年里，朱迪丝·奥洛夫通过自我意识和教育一直在帮助人们改变生活，她最伟大的成就之一便是在佛蒙特州建立了柏灵顿学院，在那里她还开设了超个人心理学的学士学位课程。此外，奥洛夫还是教育探索公司（EDI）的创始人。

会计游戏课程毕业证书

——已经成功地完成了会计基础课程的学习。

日期

朱迪丝·奥洛夫 (*Judith Orloff*)

达雷尔·穆利斯 (*Darrell Mullis*)

会计极速入职晋级

书号	定价	书名	作者	特点
66560	49	一看就懂的会计入门书	钟小灵	非常简单的会计入门书；丰富的实际应用举例，贴心提示注意事项，大量图解，通俗易懂，一看就会
44258	49	世界上最简单的会计书	[美]穆利斯 等	被读者誉为最真材实料的易懂又有用的会计入门书
77022	69	新手都想看的会计入门书	[日]吉成英纪	独创口诀形式，可以唱读；运用资产负债法有趣讲解，带你在工作和生活中活学活用
71111	59	会计地图：一图掌控企业资金动态	[日]近藤哲朗 等	风靡日本的会计入门书，全面讲解企业的钱是怎么来的，是怎么花掉的，要想实现企业利润最大化，该如何利用会计常识开源和节流
59148	69	管理会计实践	郭永清	总结调查了近1000家企业问卷，教你构建全面管理会计图景，在实务中融会贯通地去应用和实践
69322	59	中小企业税务与会计实务（第2版）	张海涛	厘清常见经济事项的会计和税务处理，对日常工作中容易遇到重点和难点财税事项，结合案例详细阐释
42845	30	财务是个真实的谎言（珍藏版）	钟文庆	被读者誉为最生动易懂的财务书；作者是沃尔沃原财务总监
76947	69	敏捷审计转型与超越	[瑞典]托比·德罗彻	绝佳的敏捷审计转型指南，提供可学习、可借鉴、可落地的系统解决方案
75747	89	全面预算管理：战略落地与计划推进的高效工具	李欣	拉通财务与经营人员的预算共识；数字化提升全面预算执行效能
75945	99	企业内部控制从懂到用（第2版）	冯萌 等	完备的理论框架及丰富的现实案例，展示企业实操经验教训，提出切实解决方案
75748	99	轻松合并财务报表：原理、过程与Excel实战（第2版）	宋明月	87张大型实战图表，教你用EXCEL做好合并报表工作；书中表格和合并报表编制方法可直接用于工作实务
70990	89	合并财务报表落地实操	蔺龙文	深入讲解合并原理、逻辑和实要点；14个全景式实操案例
77179	169	财务报告与分析：一种国际化视角（第2版）	丁远 等	从财务信息使用者角度解读财务与会计，强调创业者和创新的重要作用
64686	69	500强企业成本核算实务	范晓东	详细的成本核算逻辑和方法，全景展示先进500强企业的成本核算做法
74688	89	优秀FP&A：财务计划与分析从入门到精通	詹世谦	源自黑石等500强企业的实战经验；7个实用财务模型
75482	89	财务数字化：全球领先企业和CFO的经验	[英]米歇尔·哈普特	从工程师、企业家、经济学家三个视角，讨论财务如何推动企业转型的关键杠杆
74137	69	财会面试实用指南：规划、策略与真题	宋明月 等	来自资深面试官的真实经验，大量面试真题
55845	68	内部审计工作法	谭丽丽 等	8家知名企业内部审计部长联手分享，从思维到方法，一手经验，全面展现
72569	59	超简单的选股策略：通过投资于身边的公司获利	爱德华·瑞安	简单易学的投资策略，带你找到对你来说有可能赚钱的股票，避免错过那些事后会后悔没买进的好股票
73601	59	逻辑学的奇妙世界：提升批判性思维和表达能力	[日]野矢茂树	资深哲学教授写作的有趣入门书；适合所有想在工作、学习和生活中变得更有逻辑的人
60448	45	左手外贸右手英语	朱子斌	22年外贸老手，实录外贸成交秘诀，提示你陷阱和套路，告诉你方法和策略，大量范本和实例
70696	69	第一次做生意	丹牛	中小创业者的实战心经；赚到钱、活下去、管好人、走对路，实现从0到亿元营收跨越
70625	69	聪明人的个人成长	[美]史蒂夫·帕弗利纳	全球上亿用户一致践行的成长七原则，护航人生中每一个重要转变

财务知识轻松学

书号	定价	书名	作者	特点
71576	79	IPO 财务透视：注册制下的方法、重点和案例	叶金福	大华会计师事务所合伙人作品，基于辅导 IPO 公司的实务经验，针对 IPO 中最常问询的财务主题，给出明确可操作的财务解决思路
58925	49	从报表看舞弊：财务报表分析与风险识别	叶金福	从财务舞弊和盈余管理的角度，融合工作实务中的体会、总结和思考，提供全新的报表分析思维和方法，黄世忠、夏草、梁春、苗润生、徐珊推荐阅读
62368	79	一本书看透股权架构	李利威	126 张股权结构图，9 种可套用架构模型；挖出 38 个节税的点，避开 95 个法律的坑；蚂蚁金服、小米、华谊兄弟等 30 个真实案例
70557	89	一本书看透股权节税	李利威	零基础 50 个案例搞定股权税收
62606	79	财务诡计（原书第 4 版）	[美] 施利特 等	畅销 25 年，告诉你如何通过财务报告发现会计造假和欺诈
70738	79	财务智慧：如何理解数字的真正含义（原书第 2 版）	[美] 伯曼 等	畅销 15 年，经典名著；4 个维度，带你学会用财务术语交流，对财务数据提问，将财务信息用于工作
67215	89	财务报表分析与股票估值（第 2 版）	郭永清	源自上海国家会计学院内部讲义，估值方法经过资本市场验证
73993	79	从现金看财报	郭永清	源自上海国家会计学院内部讲义，带你以现金的视角，重新看财务报告
67559	79	500 强企业财务分析实务（第 2 版）	李燕翔	作者将其在外企工作期间积攒下的财务分析方法倾囊而授，被业界称为最实用的管理会计书
67063	89	财务报表阅读与信贷分析实务（第 2 版）	崔宏	重点介绍商业银行授信风险管理工作中如何使用和分析财务信息
58308	69	一本书看透信贷：信贷业务全流程深度剖析	何华平	作者长期从事信贷管理与风险模型开发，大量一手从业经验，结合法规、理论和实操融会贯通讲解
75289	89	信贷业务全流程实战：报表分析、风险评估与模型搭建	周艺博	融合了多家国际银行的信贷经验；完整、系统地介绍公司信贷思维框架和方法
75670	89	金融操作风险管理真经：来自全球知名银行的实践经验	[英] 埃琳娜·皮科娃	花旗等顶尖银行操作风险实践经验
60011	99	一本书看透 IPO：注册制 IPO 全流程深度剖析	沈春晖	资深投资银行家沈春晖作品；全景式介绍注册制 IPO 全貌；大量方法、步骤和案例
65858	79	投行十讲	沈春晖	20 年的投行老兵，带你透彻了解 "投行是什么" 和 "怎么干投行"；权威讲解注册制、新证券法对投行的影响
73881	89	成功 IPO：全面注册制企业上市实战	屠博	迅速了解注册制 IPO 的全景图，掌握 IPO 推进的过程管理工具和战略模型
77436	89	关键 IPO：成功上市的六大核心事项	张媛媛	来自事务所合伙人的 IPO 经验，六大实战策略，上市全程贴心护航
70094	129	李若山谈独立董事：对外懂事，对内独立	李若山	作者获评 2010 年度上市公司优秀独立董事；9 个案例深度复盘独董工作要领；既有怎样发挥独董价值的系统思考，还有独董如何自我保护的实践经验
74247	79	利润的 12 个定律（珍藏版）	史永翔	15 个行业冠军企业，亲身分享利润创造过程；带你重新理解客户、产品和销售方式
69051	79	华为财经密码	杨爱国 等	揭示华为财经管理的核心思想和商业逻辑
73113	89	估值的逻辑：思考与实战	陈玮	源于 3000 多篇投资复盘笔记，55 个真实案例描述价值判断标准，展示投资机构的估值思维和操作细节
62193	49	财务分析：挖掘数字背后的商业价值	吴坚	著名外企财务总监的工作日志和思考笔记；财务分析视角侧重于为管理决策提供支持；提供财务管理和分析决策工具
74895	79	数字驱动：如何做好财务分析和经营分析	刘冬	带你掌握构建企业财务与经营分析体系的方法
58302	49	财务报表解读：教你快速学会分析一家公司	续芹	26 家国内外上市公司财报分析案例，17 家相关竞争对手、同行业分析，遍及教育、房地产等 20 个行业；通俗易懂，有趣有用
77283	89	零基础学财务报表分析	袁敏	源自 MBA 班课程讲义；从通用目的、投资者、债权人、管理层等不同视角，分析和解读财务报表；内含适用于不同场景的分析工具